HET COMPLEET KOUDE SOEP KOOKBOEK

Versla de hitte met 100 heerlijke gekoelde soepen, perfect voor de zomer en daarna

Hanna van Veen

Auteursrechtelijk materiaal ©2024

Alle rechten voorbehouden

Geen enkel deel van dit boek mag in welke vorm of op welke manier dan ook worden gebruikt of overgedragen zonder de juiste schriftelijke toestemming van de uitgever en eigenaar van het auteursrecht, met uitzondering van korte citaten die in een recensie worden gebruikt. Dit boek mag niet worden beschouwd als vervanging voor medisch, juridisch of ander professioneel advies.

INHOUDSOPGAVE

INHOUDSOPGAVE 3
INVOERING 6
GAZPACHO 7
   1. Gazpacho uit de tuin 8
   2. Gazpacho van Drie Tomaten Met Chipotle Crème 10
   3. Zomerse groentegazpacho 12
   4. Gazpacho Met Ditalini En Chili Aioli 14
   5. Zwart En Goud Gazpacho 17
   6. Gazpacho van watermeloen 19
   7. Gazpacho van avocado 21
   8. Gazpacho van maïs en basilicum 23
   9. Gazpacho van mango en ananas 25
   10. Komkommer en Yoghurt Gazpacho 27
   11. Gazpacho van Aardbei en Basilicum 29
   12. Gazpacho van geroosterde rode paprika en amandel 31
   13. Pittige Mango en Koriander Gazpacho 33
KOUDE FRUITSOEP 35
   14. Koude Pruimensoep 36
   15. Jewelbox Fruitsoep 38
   16. Senegalese soep 40
   17. Wilde Kersensoep 42
   18. Zomerfruitsoep 44
   19. Deense Appelsoep 46
   20. Gekoelde Cantaloupesoep 48
   21. Noorse bosbessensoep 50
   22. Koude Crème van Waterkers & Appelsoep 52
   23. Koude Zure Kersensoep 54
   24. Deense appelsoep met fruit en wijn 56
   25. Koude perzik-aardbeiensoep 58
   26. Koude abrikozenzure roomsoep 60
   27. Caramel Mountain Ranch Koude Aardbeiensoep 62
   28. Koude Papajasoep 64
   29. Citrus-kersensoep 66
   30. Deense zoete soep 68
   31. Koude Meloen-Muntsoep 70
   32. Koude Bosbessensoep met Sinaasappelkruidensorbet 72
   33. Noorse Fruitsoep (Sotsuppe) 74
   34. Gekoelde Aardbeienyoghurtsoep 76
   35. Aardbei / Bosbessensoep 78
   36. Caribische avocadosoep 80
KOUDE GROENTESOEPEN 82

37. Vichyssoise van zoete aardappel 83
38. Gekoelde avocado-tomatensoep 85
39. Komkommer Cashew Soep 87
40. Gekoelde Wortelsoep 89
41. Gekoelde bietensoep 91
42. Koude Groene Groentesoep Met Vis 93
43. Koude Tomatillo-soep 95
44. Wortel- en Yoghurtsoep 97
45. Koude Courgette-Preisoep 99
46. Courgette-Avocadosoep 101
47. Koude komkommer-spinaziesoep 103
48. Koude avocadosoep met chili-koriandercrème 105
49. Bieten- en Rode Koolsoep 107
50. Tomaten- en Rode Paprikasoep 109
51. Gember- en Wortelsoep 111
52. Koude avocado- en karnemelksoep 113
53. Curried Courgette Knoflooksoep 115
54. Dille-yoghurt-komkommersoep 117
55. Borsjt 119
56. Romige Basilicum Courgettesoep 121

KOUDE VIS- EN ZEEVRUCHTSOEPEN 123

57. Koude Komkommersoep Met Kruidengarnalen 124
58. Gekoelde garnalen- en avocadosoep 127
59. Gekoelde Kreeftenbisque 129
60. Koud Gerookte Zalmsoep 131
61. Gekoelde krabgazpacho 133
62. Koude Krabsoep 135
63. Koude karnemelk-garnalensoep 137
64. Gekoelde komkommer- en krabsoep 139
65. Gekoelde Kokos Garnalensoep 141
66. Koude tonijn-witte bonensoep 143
67. Gekoelde sint-jakobsschelp en maïssoep 145

KOUDE GEVOGELTESOEPEN 147

68. Gekoelde kippen- en groentesoep 148
69. Gekoelde kalkoen- en cranberrysoep 150
70. Gekoelde kippen- en maïssoep 152
71. Gekoelde kalkoen- en avocadosoep 154
72. Gekoelde Orzo-kip-citroensoep 156
73. Gekoelde kalkoen- en spinaziesoep 158
74. Gekoelde kip- en mangosoep 160
75. Kip- en rijstsoep met kokosmelk 162
76. Koude kip-, selderij- en walnootsoep 164
77. Koude aspergesoep met kwarteleitjes en kaviaar 166

KOUDE KRUIDE SOEPEN 168
- 78. Meloensoep Met Munt 169
- 79. Gekoelde Courgettesoep Met Munt 171
- 80. Koudgeslagen Erwtensoep 173
- 81. Koude Zuringsoep 175
- 82. Gekoelde avocado- en koriandersoep 177
- 83. Gekoelde Erwten- en Dragonsoep 179
- 84. Gekoelde spinazie-dillesoep 181
- 85. Gekoelde courgette-peterseliesoep 183
- 86. Gekoelde asperge- en bieslooksoep 185
- 87. Gekoelde bieten- en muntsoep 187
- 88. Chinese Kruiden Kippensoep 189

KOUDE PEULEN- EN GRAANSOEPEN 192
- 89. Koude witte bonensoep met knapperige pancetta 193
- 90. Gekoelde Bonensoep 195
- 91. Gekoelde linzen- en quinoasoep 197
- 92. Gekoelde kikkererwten- en Bulgaarse soep 199
- 93. Gekoelde soep van zwarte bonen en bruine rijst 201
- 94. Gekoelde gerst- en kikkererwtensoep 203
- 95. Gekoelde rode linzen- en bulgursoep 205

KOUDE PASTASOEPEN 207
- 96. Koude Noedels Met Tomaten 208
- 97. Gekoelde Mediterrane Orzosoep 210
- 98. Gekoelde Tomaat En Basilicum Pastasoep 212
- 99. Gekoelde Pesto Pastasoep 214
- 100. Gekoelde Griekse Pastasaladesoep 216

CONCLUSIE 218

INVOERING

Welkom bij 'Het complete koude soepkookboek', uw ultieme gids om de hitte te verslaan met 100 heerlijke gekoelde soepen die perfect zijn voor de zomer en daarna. Als de temperatuur stijgt, is er niets zo verfrissend en bevredigend als een kom koude soep om je af te koelen en je smaakpapillen te stimuleren. In dit kookboek vieren we de veelzijdigheid en creativiteit van gekoelde soepen en bieden we een breed scala aan recepten voor elke smaak en gelegenheid.

In dit kookboek ontdek je een breed scala aan gekoelde soeprecepten met seizoensgebonden ingrediënten, levendige smaken en innovatieve culinaire technieken. Van klassieke gazpacho's en romige vichyssoises tot exotische fruitsoepen en pittige gekoelde noedels, elk recept is samengesteld om een verfrissende en bevredigende eetervaring te bieden, ongeacht het weer of de tijd van het jaar.

Wat "HET COMPLEET KOUDE SOEP KOOKBOEK" onderscheidt, is de nadruk op versheid, smaak en eenvoud. Of u nu een doorgewinterde chef-kok of een beginnende kok bent, deze recepten zijn zo ontworpen dat ze gemakkelijk te volgen zijn en aanpasbaar aan uw smaakvoorkeuren en voedingsbehoeften. Omdat u minimaal hoeft te koken en de nadruk legt op het gebruik van verse, hoogwaardige ingrediënten, kunt u in een mum van tijd een partij heerlijke koude soep bereiden, waardoor het de perfecte optie is voor drukke doordeweekse avonden, informele bijeenkomsten of elegante diners.
.

In dit kookboek vindt u praktische tips voor het selecteren en bereiden van ingrediënten, evenals prachtige fotografie om uw culinaire creaties te inspireren. Of je nu zin hebt in iets lichts en verfrissends of iets rijks en toegeeflijks, "HET COMPLEET KOUDE SOEP KOOKBOEK" heeft voor ieder wat wils en nodigt je uit om de heerlijke mogelijkheden van gekoelde soepen te ontdekken en je zomerse eetervaring naar een hoger niveau te tillen.

GAZPACHO

1. Gazpacho uit de tuin

INGREDIËNTEN:
- 6 rijpe pruimtomaten, in stukjes gesneden
- 1 middelgrote rode ui, gehakt
- 1 middelgrote komkommer, geschild, gezaaid en gehakt
- 1 middelgrote rode paprika, gehakt
- 4 groene uien, gehakt
- 1 teentje knoflook, fijngehakt
- 1 knolselderijrib, fijngehakt
- 3 eetlepels sherryazijn
- 2 eetlepels olijfolie
- 1 theelepel suiker
- Zout
- Tabasco saus
- 2 kopjes gemengd groentesap
- 1/4 kop gehakte verse peterselie
- 1/4 kopje gesneden ontpitte kalamata-olijven

INSTRUCTIES:
a) Meng in een blender of keukenmachine alle tomaten, uien, komkommer en op 1/4 kop na
b) paprika. Voeg de helft van de groene uien en alle knoflook en selderij toe en verwerk tot een gladde massa. Voeg de azijn, olie en suiker toe en breng op smaak met zout en Tabasco. Verwerk tot het goed gemengd is.
c) Doe de soep in een grote niet-metalen kom en roer het groentesap erdoor. Dek af en zet in de koelkast tot het gekoeld is, minimaal 3 uur.
d) Wanneer u klaar bent om te serveren, voegt u de resterende tomaten, ui, komkommer, paprika en groene uien toe. Schep de soep in kommen, garneer met peterselie en zwarte olijven en serveer.

2.Gazpacho van Drie Tomaten Met Chipotle Crème

INGREDIËNTEN:
- 1 eetlepel olijfolie
- 1 1/2 theelepel chipotle chili in adobo
- 1/4 kop veganistische zure room, zelfgemaakt (zie Tofu Sour Cream) of in de winkel gekocht
- 1 middelgrote rode ui, gehakt
- 1 middelgrote rode paprika, gehakt
- 1 middelgrote komkommer, geschild, gezaaid en gehakt
- 2 teentjes knoflook, fijngehakt
- 1/4 kopje gehakte zongedroogde tomaten boordevol olie
- (14,5 ounce) kan tomaten vermalen
- 3 kopjes gemengd groentesap
- pond rijpe pruimtomaten, gehakt
- Zout
- 1/4 kopje gehakte groene uien, voor garnering

INSTRUCTIES:
a) Meng de olie, chipotle en zure room in een blender of keukenmachine en verwerk tot een gladde massa. Opzij zetten.

b) Meng in een blender of keukenmachine de ui, paprika, de helft van de komkommer, knoflook, zongedroogde tomaten en geplette tomaten. Verwerk tot een gladde massa. Doe het mengsel in een grote kom en roer het groentesap, de verse tomaten, de resterende komkommer en zout naar smaak erdoor. Dek af en zet in de koelkast tot het goed gekoeld is, minimaal 3 uur.

c) Als het gekoeld is, proef dan en pas indien nodig de kruiden aan. Schep in kommen en roer in elke kom een lepel chipotle-crème. Garneer met gehakte groene uien en serveer.

3.Zomerse groentegazpacho

INGREDIËNTEN:
- 2 kopjes jonge balsamicoazijn
- 2 pond rijpe tomaten
- 2 Engelse (kas)komkommers
- 1 rode ui
- 1 gele paprika
- 1 rode paprika
- 3 sneetjes stokbrood van een dag oud zuurdesem
- 3 kopjes tomatensap
- 2 teentjes knoflook
- 3 kopjes groentebouillon
- 2 eetlepels extra vergine olijfolie
- 1 eetlepel mild gerookte Spaanse paprika
- 1 theelepel gemalen komijn
- Grof zout en versgemalen peper naar smaak
- 2 eetlepels fijngesneden verse koriander
- 2 eetlepels fijngesneden verse munt
- 1 eetlepel fijngehakte citroenschil

INSTRUCTIES:
a) Reduceer balsamicoazijn tot ½ kopje.
b) Snijd de groenten en week het brood in tomatensap.
c) Meng alle ingrediënten en laat 1 uur staan.
d) Meng 4 kopjes mengsel tot een gladde massa.
e) Laat minimaal 4 uur afkoelen.
f) Serveer met het kruidenmengsel en een scheutje olijfolie en balsamicosiroop.

4.Gazpacho Met Ditalini En Chili Aioli

INGREDIËNTEN:
AIOLI
- 1 kleine hete chili, zonder zaadjes
- 3 teentjes knoflook
- 1/2 theelepel zout
- 1 theelepel rode wijnazijn
- 1/2 kopje olijfolie

GAZPACHO
- 4 grote rijpe tomaten, geschild, zonder zaadjes en in stukjes gesneden
- 2 grote komkommers, geschild, gezaaid en in stukjes gesneden
- 1 middelgrote gele paprika, gehakt
- 1/2 kop gehakte groene uien
- 1 eetlepel gehakte knoflook
- 3 kopjes tomatensap
- Zout
- 1/2 kop ditalini of andere soeppasta
- 1 eetlepel olijfolie

INSTRUCTIES:
MAAK DE AIOLI:
a) Meng de chili, knoflook en zout in een blender of keukenmachine en pureer tot een gladde massa. Voeg de azijn toe en laat het mengsel mengen. Terwijl de machine draait, giet je de olie erbij tot het gemengd is. Niet overbewerken. Doe over in een kom en zet op kamertemperatuur tot het serveren.

MAAK DE GAZPACHO:
b) Meng in een blender of keukenmachine de helft van de tomaten, de helft van de komkommers, de helft van de paprika, de helft van de groene uien en alle knoflook. Meng alles tot een mengsel, doe het in een grote niet-metalen kom en roer het tomatensap en de resterende tomaat, komkommer, paprika en groene ui erdoor. Breng op smaak met zout. Dek af en zet in de koelkast tot het goed gekoeld is, minimaal 2 uur.

c) Terwijl de soep afkoelt, kookt u de pasta in een pan met kokend gezouten water, af en toe roerend, tot hij beetgaar is, 6 tot 8 minuten. Giet de pasta af, spoel hem af, meng hem met de olijfolie en zet opzij.

d) Wanneer u klaar bent om te serveren, voegt u de pasta toe aan de soep en proeft u, indien nodig past u de kruiden aan. Schep het mengsel in kommen en roer in elke kom een lepel aioli. Serveer met extra aioli ernaast.

5.Zwart En Goud Gazpacho

INGREDIËNTEN:
- 1 1/2 pond rijpe gele tomaten, gehakt
- 1 grote komkommer, geschild, gezaaid en in stukjes gesneden
- 1 grote gele paprika, zonder zaadjes en fijngehakt
- 4 groene uien, alleen het witte gedeelte
- 2 teentjes knoflook, fijngehakt
- 2 eetlepels olijfolie
- 2 eetlepels witte wijnazijn
- Zout
- Gemalen cayennepeper
- 1 1/2 kopjes gekookt of 1 (15,5 ounce) blikje zwarte bonen, uitgelekt en gespoeld
- 2 eetlepels gehakte verse peterselie
- 1 kopje geroosterde croutons (optioneel)

INSTRUCTIES:
a) Meng in een blender of keukenmachine de helft van de tomaten met de komkommer, paprika, groene uien en knoflook. Verwerk tot een gladde massa. Voeg de olie en azijn toe, breng op smaak met zout en cayennepeper en verwerk tot alles gemengd is.

b) Doe de soep in een grote niet-metalen kom en roer de zwarte bonen en de resterende tomaten erdoor. Dek de kom af en zet hem 1 tot 2 uur in de koelkast. Proef, pas eventueel de smaakmakers aan.

c) Schep de soep in kommen, garneer met peterselie en croutons, indien gebruikt, en serveer.

6.Gazpacho van watermeloen

INGREDIËNTEN:
- 4 kopjes in blokjes gesneden pitloze watermeloen
- 2 grote tomaten, in blokjes gesneden
- 1 komkommer, geschild, gezaaid en in blokjes gesneden
- 1 rode paprika, in blokjes gesneden
- 1/4 kop gehakte rode ui
- 2 eetlepels gehakte verse munt
- 2 eetlepels gehakte verse basilicum
- 2 eetlepels limoensap
- Zout en peper naar smaak

INSTRUCTIES:
a) Meng in een blender de watermeloen, tomaten, komkommer, paprika, rode ui, munt, basilicum en limoensap.
b) Mixen tot een gladde substantie.
c) Breng op smaak met zout en peper.
d) Zet het minimaal 1 uur in de koelkast voordat u het serveert.
e) Serveer koud, eventueel gegarneerd met extra muntblaadjes.

7. Gazpacho van avocado

INGREDIËNTEN:
- 2 rijpe avocado's, geschild en in blokjes gesneden
- 2 komkommers, geschild, gezaaid en in blokjes gesneden
- 1 groene paprika, in blokjes gesneden
- 2 teentjes knoflook, fijngehakt
- 1/4 kop gehakte verse koriander
- 2 eetlepels limoensap
- 2 kopjes groentebouillon
- Zout en peper naar smaak

INSTRUCTIES:
a) Meng in een blender de avocado's, komkommers, paprika, knoflook, koriander, limoensap en groentebouillon.
b) Mixen tot een gladde substantie.
c) Breng op smaak met zout en peper.
d) Zet het minimaal 1 uur in de koelkast voordat u het serveert.
e) Serveer koud, gegarneerd met een takje koriander.

8.Gazpacho van maïs en basilicum

INGREDIËNTEN:
- 4 korenaren, korrels verwijderd
- 2 grote tomaten, in blokjes gesneden
- 1 rode ui, in blokjes gesneden
- 1 rode paprika, in blokjes gesneden
- 2 teentjes knoflook, fijngehakt
- 1/4 kop gehakte verse basilicum
- 2 eetlepels rode wijnazijn
- 2 kopjes groentebouillon
- Zout en peper naar smaak

INSTRUCTIES:
a) Meng in een blender de maïskorrels, tomaten, rode ui, paprika, knoflook, basilicum, rode wijnazijn en groentebouillon.
b) Mixen tot een gladde substantie.
c) Breng op smaak met zout en peper.
d) Zet het minimaal 1 uur in de koelkast voordat u het serveert.
e) Serveer koud, gegarneerd met een blaadje basilicum.

9.Gazpacho van mango en ananas

INGREDIËNTEN:
- 2 rijpe mango's, geschild en in blokjes gesneden
- 1 kopje in blokjes gesneden ananas
- 1 komkommer, geschild, gezaaid en in blokjes gesneden
- 1 rode paprika, in blokjes gesneden
- 1 jalapeñopeper, zonder zaadjes en fijngehakt
- 2 eetlepels gehakte verse koriander
- 2 eetlepels limoensap
- 2 kopjes ananassap
- Zout en peper naar smaak

INSTRUCTIES:
a) Meng in een blender de mango's, ananas, komkommer, rode paprika, jalapeñopeper, koriander, limoensap en ananassap.
b) Mixen tot een gladde substantie.
c) Breng op smaak met zout en peper.
d) Zet het minimaal 1 uur in de koelkast voordat u het serveert.
e) Serveer koud, gegarneerd met een schijfje mango of ananas op de rand van de kom.

10.Komkommer en Yoghurt Gazpacho

INGREDIËNTEN:
- 2 komkommers, geschild, gezaaid en in blokjes gesneden
- 1 kopje gewone Griekse yoghurt
- 1/4 kop gehakte verse dille
- 2 eetlepels citroensap
- 1 teentje knoflook, fijngehakt
- 1 eetlepel olijfolie
- Zout en peper naar smaak

INSTRUCTIES:
a) Meng de komkommers, Griekse yoghurt, dille, citroensap, knoflook en olijfolie in een blender.
b) Mixen tot een gladde substantie.
c) Breng op smaak met zout en peper.
d) Zet het minimaal 1 uur in de koelkast voordat u het serveert.
e) Serveer koud, gegarneerd met een takje dille.

11. Gazpacho van Aardbei en Basilicum

INGREDIËNTEN:
- 2 kopjes in blokjes gesneden aardbeien
- 1 komkommer, geschild, gezaaid en in blokjes gesneden
- 1/4 kop gehakte verse basilicum
- 2 eetlepels balsamicoazijn
- 1 eetlepel honing
- 1/4 theelepel zwarte peper
- 1 kopje water
- Zout naar smaak

INSTRUCTIES:
a) Meng in een blender de aardbeien, komkommer, basilicum, balsamicoazijn, honing, zwarte peper en water.
b) Mixen tot een gladde substantie.
c) Breng op smaak met zout.
d) Zet het minimaal 1 uur in de koelkast voordat u het serveert.
e) Serveer koud, gegarneerd met een blaadje basilicum.

12. Gazpacho van geroosterde rode paprika en amandel

INGREDIËNTEN:
- 2 grote geroosterde rode paprika's, geschild en zonder zaadjes
- 1 kopje geblancheerde amandelen
- 2 teentjes knoflook
- 2 eetlepels sherryazijn
- 1/4 kopje olijfolie
- 2 kopjes groentebouillon
- Zout en peper naar smaak

INSTRUCTIES:
a) Meng in een blender de geroosterde rode paprika, amandelen, knoflook, sherryazijn, olijfolie en groentebouillon.
b) Mixen tot een gladde substantie.
c) Breng op smaak met zout en peper.
d) Zet het minimaal 1 uur in de koelkast voordat u het serveert.
e) Serveer koud, gegarneerd met een scheutje olijfolie en gehakte amandelen.

13. Pittige Mango en Koriander Gazpacho

INGREDIËNTEN:
- 2 rijpe mango's, geschild en in blokjes gesneden
- 1 komkommer, geschild, gezaaid en in blokjes gesneden
- 1 jalapeñopeper, zonder zaadjes en in blokjes gesneden
- 1/4 kop gehakte verse koriander
- 2 eetlepels limoensap
- 2 kopjes groentebouillon
- Zout en peper naar smaak

INSTRUCTIES:
a) Meng in een blender de mango's, komkommer, jalapeñopeper, koriander, limoensap en groentebouillon.
b) Mixen tot een gladde substantie.
c) Breng op smaak met zout en peper.
d) Zet het minimaal 1 uur in de koelkast voordat u het serveert.
e) Serveer koud, gegarneerd met een schijfje jalapeño voor extra pit.

KOUDE FRUITSOEP

14.Koude Pruimensoep

INGREDIËNTEN:
- 4 rijpe pruimen, ontpit en gehakt
- 1 kopje yoghurt
- 1/4 kopje honing of ahornsiroop
- 1 theelepel vanille-extract
- Snufje kaneel
- Gesneden amandelen ter garnering

INSTRUCTIES:
a) Meng in een blender de gehakte pruimen, yoghurt, honing of ahornsiroop, vanille-extract en kaneel.
b) Mixen tot een gladde substantie.
c) Zet de soep minimaal 1 uur in de koelkast.
d) Serveer koud, gegarneerd met gesneden amandelen.

15.Jewelbox Fruitsoep

INGREDIËNTEN:
- 2 kopjes wit druivensap
- 2 kopjes perennectar
- 1 rijpe banaan, gehakt
- 1 eetlepel vers citroensap
- Snufje zout
- 1/2 kop ongezoete kokosmelk (optioneel)
- 1 kopje bosbessen
- 1 rijpe mango, geschild, ontpit en in dobbelstenen van 1/4 inch gesneden
- 1 kopje in blokjes gesneden ananas
- 1 kopje in blokjes gesneden aardbeien
- Verse muntblaadjes, voor garnering

INSTRUCTIES:
a) Meng in een keukenmachine het druivensap, de perennectar, de banaan, het citroensap en het zout. Verwerk tot een gladde massa en giet het vervolgens in een grote kom. Roer de kokosmelk erdoor, indien gebruikt. Dek af en zet in de koelkast tot het goed gekoeld is, gedurende 3 uur of een nacht.
b) Schep de gekoelde soep in kommen en schep in elke kom een kwart kopje bosbessen, mango, ananas en aardbeien. Garneer met muntblaadjes en serveer.

16.Senegalese soep

INGREDIËNTEN:
- 1 eetlepel canola- of druivenpitolie
- 1 middelgrote ui, gehakt
- 1 middelgrote wortel, gehakt
- 1 teentje knoflook, fijngehakt
- 3 Granny Smith-appels, geschild, klokhuis verwijderd en in stukjes gesneden
- 2 eetlepels hete of milde kerriepoeder
- 2 theelepels tomatenpuree
- 3 kopjes lichte groentebouillon, zelfgemaakt (zie Lichte groentebouillon) of in de winkel gekocht, of waterzout
- 1 kopje gewone, ongezoete sojamelk
- 4 theelepels mangochutney, zelfgemaakt (zie Mangochutney) of in de winkel gekocht, voor garnering

INSTRUCTIES:
a) Verhit de olie in een grote soeppan op middelhoog vuur. Voeg de ui, wortel en knoflook toe. Dek af en kook tot het zacht is, ongeveer 10 minuten. Voeg de appels toe en blijf koken, onafgedekt, af en toe roerend, tot de appels zacht beginnen te worden, ongeveer 5 minuten. Voeg het kerriepoeder toe en kook al roerend 1 minuut. Roer de tomatenpuree, bouillon en zout naar smaak erdoor. Laat het, onafgedekt, gedurende 30 minuten sudderen.

b) Pureer de soep in de pan met een staafmixer of in een blender of keukenmachine, indien nodig in batches. Giet de soep in een grote kom, roer de sojamelk erdoor, dek af en zet in de koelkast tot het gekoeld is, ongeveer 3 uur.

c) Schep de soep in kommen, garneer elk met een theelepel chutney en serveer.

17. Wilde Kersensoep

INGREDIËNTEN:
- 11/2 pond rijpe kersen, ontpit
- 2 kopjes wit druivensap of cranberrysap
- 1/3 kopje suiker
- 1 eetlepel vers citroensap
- 1 kopje veganistisch vanille-ijs, verzacht
- 2 eetlepels kersenlikeur

INSTRUCTIES:
a) Snijd 8 kersen in stukken en zet opzij. Doe de overgebleven kersen in een blender of keukenmachine en verwerk tot een gladde massa. Voeg het druivensap, de suiker, het citroensap en een halve kop ijs toe
b) proces tot een gladde massa. Giet de soep in een niet-metalen kom. Dek af en zet in de koelkast tot het gekoeld is, ongeveer 3 uur.
c) Meng in een kleine kom het resterende 1/2 kopje ijs en de kersenlikeur en roer om goed te mengen. Opzij zetten.
d) Schep de gekoelde soep in kommen, garneer met een lepel ijsmengsel en gehakte kersen en serveer.

18.Zomerfruitsoep

INGREDIËNTEN:
- 2 kopjes gehakte meloen of honingmeloen
- 1 kopje gehakte verse ananas
- 1 rijpe mango of 2 perziken, geschild, ontpit en in stukjes gesneden
- 1 rijpe banaan, gehakt
- 1 eetlepel vers citroensap
- 1 kopje vers sinaasappelsap
- 1 kopje appel- of ananassap
- 1/2 kopje ongezoete sojamelk
- 1/3 kopje veganistische yoghurt of veganistische zure room, zelfgemaakt (zie Tofu Sour Cream) of in de winkel gekocht
- 2 eetlepels agavenectar
- 1/2 kop gepelde gesneden aardbeien, voor garnering
- Takjes verse munt, voor garnering

INSTRUCTIES:

a) Meng de meloen, ananas, mango en banaan in een keukenmachine en verwerk tot een gladde massa. Voeg het citroensap, sinaasappelsap, appelsap en sojamelk toe en verwerk tot alles goed gemengd is. Giet de soep in een grote kom. Dek af en zet in de koelkast tot het goed gekoeld is, minimaal 3 uur.

b) Meng in een kleine kom de yoghurt en de agavenectar in een kleine kom en meng tot een gladde massa. Schep de gekoelde soep in kommen, garneer met een lepel yoghurtmengsel, een paar plakjes aardbei en verse munttakjes en serveer.

19.Deense Appelsoep

INGREDIËNTEN:
- 2 grote appels, klokhuis verwijderd, geschild
- 2 kopjes water
- 1 Kaneelstokje
- 3 Hele kruidnagels
- ⅛ theelepel zout
- ½ kopje suiker
- 1 eetlepel maïszetmeel
- 1 kop verse pruimenpruimen, ongeschild en in plakjes gesneden
- 1 kopje verse perziken, geschild en gesneden
- ¼ kopje portwijn

INSTRUCTIES:
a) Combineer appels, water, kaneelstokje, kruidnagel en zout in een middelgrote pan.
b) Meng de suiker en het maizena en voeg toe aan het gepureerde appelmengsel.
c) Voeg de pruimen en perziken toe en laat sudderen tot deze vruchten zacht zijn en het mengsel iets is ingedikt.
d) Voeg de portwijn toe .
e) Maak individuele porties af met een klodder lichtzure room of magere vanille-yoghurt.

20.Gekoelde Cantaloupesoep

INGREDIËNTEN:
- 1 meloen - geschild, zonder zaadjes en in blokjes
- 2 kopjes sinaasappelsap
- 1 eetlepel vers limoensap
- 1/4 theelepel gemalen kaneel

INSTRUCTIES:
a) Schil de meloen, ontpit en snijd hem in blokjes. Doe de meloen en 1/2 kopje sinaasappelsap in een blender of keukenmachine; bedek en verwerk tot een gladde massa.
b) Overbrengen naar een grote kom. Roer het limoensap, de kaneel en het resterende sinaasappelsap erdoor. Dek af en zet minimaal een uur in de koelkast.
c) Garneer eventueel met munt.

21. Noorse bosbessensoep

INGREDIËNTEN:
- 1 Envelop niet-gearomatiseerde gelatine
- ¼ kopje Koud water
- 4 kopjes Vers sinaasappelsap
- 3 eetlepels Vers citroensap
- ¼ kopje suiker
- 2 kopjes Verse bosbessen, gewassen
- Verse munt, voor garnering

INSTRUCTIES:
a) Week de gelatine in koud water in een custardbekertje. Doe het in een pan met heet (niet kokend) water tot het gesmolten is en klaar voor gebruik.
b) Combineer sinaasappelsap, citroensap en suiker met de gesmolten gelatine. Roer tot de suiker en gelatine zijn opgelost.
c) Chill totdat het mengsel begint te dikker worden.
d) Spatel de bosbessen door het mengsel.
e) Chill tot klaar om te serveren.
f) Schep in gekoelde bouillonbekers en garneer met verse munt.
g) Geniet van je verfrissende Noorse Bosbessensoep!

22.Koude Crème van Waterkers & Appelsoep

INGREDIËNTEN:
- 2 bosjes waterkers, steeltjes verwijderd
- 2 appels, geschild, klokhuis verwijderd en in stukjes gesneden
- 2 kopjes groentebouillon
- 1 kopje gewone Griekse yoghurt
- 1 eetlepel citroensap
- Zout en peper naar smaak
- Waterkersblaadjes ter garnering

INSTRUCTIES:
a) Meng in een blender waterkers, gehakte appels en groentebouillon.
b) Mixen tot een gladde substantie.
c) Roer de Griekse yoghurt en het citroensap erdoor. Breng op smaak met zout en peper.
d) Zet de soep minimaal 2 uur in de koelkast.
e) Serveer koud, gegarneerd met waterkersblaadjes.

23.Koude Zure Kersensoep

INGREDIËNTEN:
- 2 kopjes zure kersen, ontpit
- 1 kopje yoghurt
- 1/4 kopje honing of ahornsiroop
- 1/2 theelepel amandelextract
- Snufje kaneel
- Geschaafde amandelen ter garnering

INSTRUCTIES:
a) Meng in een blender de zure kersen, yoghurt, honing of ahornsiroop, amandelextract en kaneel.
b) Mixen tot een gladde substantie.
c) Zet de soep minimaal 1 uur in de koelkast.
d) Serveer koud, gegarneerd met geschaafde amandelen.

24. Deense appelsoep met fruit en wijn

INGREDIËNTEN:
- 2 grote appels, zonder klokhuis, geschild en in grote dobbelstenen gesneden
- 2 kopjes Water
- 1 Kaneelstokje (2 inch)
- 3 Hele kruidnagels
- 1/8 theelepel zout
- ½ kopje suiker
- 1 eetlepel maïszetmeel
- 1 kop verse pruimenpruimen, ongeschild en in achtsten gesneden
- 1 kopje verse perziken, geschild en in grote dobbelstenen gesneden
- ¼ kopje portwijn

INSTRUCTIES:
a) Combineer appels, water, kaneelstokje, kruidnagel en zout in een middelgrote pan.
b) Dek af en kook op middelhoog vuur tot de appels gaar zijn.
c) Verwijder de hele kruiden en pureer door het hete mengsel door een grove zeef te persen.
d) Meng de suiker en maizena en voeg toe aan het gepureerde appelmengsel.
e) Voeg de pruimen en perziken toe en laat sudderen tot deze vruchten zacht zijn en het mengsel iets is ingedikt. Dit zal een zeer korte tijd duren.
f) Voeg de portwijn toe en proef of het zoet is, voeg indien nodig meer suiker toe. Bedenk echter dat de smaak van deze appelsoep scherp moet zijn.
g) Koel grondig.
h) Maak individuele porties af met een klodder lichtzure room of magere vanille-yoghurt.
i) Bestrooi de room of yoghurt lichtjes met een beetje nootmuskaat.

25.Koude perzik-aardbeiensoep

INGREDIËNTEN:
- 2 rijpe perziken, geschild, ontpit en in stukjes gesneden
- 1 kopje aardbeien, gepeld en gehakt
- 1 kopje sinaasappelsap
- 1 eetlepel honing of ahornsiroop (optioneel)
- Verse basilicumblaadjes ter garnering

INSTRUCTIES:
a) Meng in een blender de gehakte perziken, aardbeien, sinaasappelsap en honing (indien gebruikt).
b) Mixen tot een gladde substantie.
c) Zet de soep minimaal 1 uur in de koelkast.
d) Serveer koud, gegarneerd met verse basilicumblaadjes.

26.Koude abrikozenzure roomsoep

INGREDIËNTEN:
- 500 g rijpe abrikozen, ontpit en in blokjes gesneden
- 1 kopje zure room
- 1/4 kopje honing
- 1 eetlepel citroensap
- 1/2 theelepel gemalen gember
- 1/4 theelepel gemalen kaneel
- Gehakte verse munt voor garnering

INSTRUCTIES:
a) Meng in een blender de in blokjes gesneden abrikozen, zure room, honing, citroensap, gemalen gember en gemalen kaneel.
b) Mixen tot een gladde substantie.
c) Zet de soep minimaal 2 uur in de koelkast.
d) Serveer koud, gegarneerd met gehakte verse munt.
e) (Opmerking: pas de zoetheid aan met meer of minder honing, afhankelijk van uw persoonlijke voorkeur)

27.Caramel Mountain Ranch Koude Aardbeiensoep

INGREDIËNTEN:
- 500 g verse aardbeien, gepeld en in plakjes gesneden
- 1 kopje yoghurt
- 2 eetlepels honing
- 1 theelepel vanille-extract
- 1/4 theelepel gemalen kaneel
- Verse muntblaadjes ter garnering

INSTRUCTIES:
a) Meng in een blender de gesneden aardbeien, yoghurt, honing, vanille-extract en gemalen kaneel.
b) Meng tot een glad en romig mengsel.
c) Zet de soep minimaal 1 uur in de koelkast.
d) Serveer koud, gegarneerd met verse muntblaadjes.
e) (Opmerking: desgewenst kan de smaak "Caramel Mountain Ranch" worden toegevoegd door karamelsaus over de soep te sprenkelen voordat u deze serveert)

28.Koude Papajasoep

INGREDIËNTEN:
- 2 rijpe papaja's, geschild, gezaaid en gehakt
- 1 kopje kokosmelk
- 2 eetlepels limoensap
- 1 eetlepel honing of ahornsiroop (optioneel)
- Snufje zout
- Verse muntblaadjes ter garnering

INSTRUCTIES:
a) Meng in een blender de gehakte papaja's, kokosmelk, limoensap, honing (indien gebruikt) en een snufje zout.
b) Mixen tot een gladde substantie.
c) Zet de soep minimaal 1 uur in de koelkast.
d) Serveer koud, gegarneerd met verse muntblaadjes.

29.Citrus-kersensoep

INGREDIËNTEN:
- 4 kopjes ontpitte kersen
- 1 kopje sinaasappelsap
- 1 eetlepel honing
- 1 theelepel citroensap
- 1/4 theelepel gemalen kaneel
- Snufje zout
- Verse muntblaadjes ter garnering

INSTRUCTIES:
a) Meng in een blender ontpitte kersen, sinaasappelsap, honing, citroensap, gemalen kaneel en een snufje zout.
b) Mixen tot een gladde substantie.
c) Zet de soep minimaal 1 uur in de koelkast.
d) Serveer koud, gegarneerd met verse muntblaadjes.

30.Deense zoete soep

INGREDIËNTEN:
- 1 liter rood vruchtensap
- ½ kopje rozijnen, goudbruin
- ½ kopje krenten
- ½ kopje pruimen; of pruimen, ontpit en gehakt
- ½ kopje suiker
- 3 eetlepels Tapioca, Minuut
- 2 plakjes Citroen
- Klein kaneelstokje

INSTRUCTIES:
a) Meng vruchtensap, rozijnen, krenten, pruimen en suiker.
b) Laat een paar minuten sudderen en voeg dan een paar schijfjes citroen en een klein kaneelstokje toe.
c) Tapioca toevoegen.
d) Ga door met koken totdat tapioca helder is gekookt, roer om te voorkomen dat tapioca blijft plakken.
e) Schep in borden en serveer met room of Cool Whip.

31.Koude Meloen-Muntsoep

INGREDIËNTEN:
- 1 rijpe meloen (meloen of honingdauw), zonder zaadjes en in blokjes
- 1 kopje kokoswater
- 2 eetlepels limoensap
- 1 eetlepel honing of ahornsiroop (optioneel)
- Verse muntblaadjes ter garnering

INSTRUCTIES:
a) Meng in een blender de meloenblokjes, kokoswater, limoensap en honing (indien gebruikt).
b) Mixen tot een gladde substantie.
c) Zet de soep minimaal 1 uur in de koelkast.
d) Serveer koud, gegarneerd met verse muntblaadjes.

32. Koude Bosbessensoep met Sinaasappelkruidensorbet

INGREDIËNTEN:
- 500 g verse bosbessen
- 2 kopjes sinaasappelsap
- 1/4 kopje honing
- 1 theelepel geraspte sinaasappelschil
- 1/4 kop gehakte verse munt
- 1/4 kop gehakte verse basilicum
- Vanille-ijs om te serveren

INSTRUCTIES:
a) Meng de bosbessen, het sinaasappelsap, de honing en de geraspte sinaasappelschil in een blender.
b) Mixen tot een gladde substantie.
c) Roer de gehakte munt en basilicum erdoor.
d) Zet de soep minimaal 2 uur in de koelkast.
e) Serveer koud, gegarneerd met een bolletje vanille-ijs.

33.Noorse Fruitsoep (Sotsuppe)

INGREDIËNTEN:
- 1 kopje ontpitte gedroogde pruimen
- ¾ kopje rozijnen
- ¾ kopje gedroogde abrikozen
- Koud water
- ¼ kopje Snelkokende tapioca, ongekookt
- 2 kopjes water
- 2 eetlepels Citroensap
- 1 kopje Druivensap
- 1 theelepel azijn
- ½ kopje suiker
- 1 Kaneelstokje

INSTRUCTIES:
a) Combineer pruimen, rozijnen en abrikozen in een pan van 3 liter. Voeg voldoende water toe om te bedekken, ongeveer 3 kopjes. Breng aan de kook en laat 30 minuten zachtjes koken.
b) Breng in een kleine pan 2 kopjes water aan de kook. Roer de tapioca erdoor en laat 10 minuten sudderen.
c) Zodra het fruit zacht is, voeg je de gekookte tapioca, het citroensap, het druivensap, de azijn, de suiker en het kaneelstokje toe. Breng aan de kook en laat nog eens 15 minuten sudderen. Verwijder het kaneelstokje. Het mengsel wordt dikker als het afkoelt; voeg wat meer water of druivensap toe als het te dik lijkt.
d) Serveer warm of koud. Indien koud geserveerd, kan het worden gegarneerd met slagroom.

34.Gekoelde Aardbeienyoghurtsoep

INGREDIËNTEN:
- 1 pond verse aardbeien
- 1 ¼ kopjes vanilleyoghurt
- 3 eetlepels banketbakkerssuiker
- 2 eetlepels sinaasappelsapconcentraat
- 1/8 theelepel amandelextract of ½ theelepel citroensap

INSTRUCTIES:
a) Meng aardbeien, yoghurt, suiker, sinaasappelsapconcentraat en extract.
b) Garneer met de overgebleven yoghurt.

35.Aardbei / Bosbessensoep

INGREDIËNTEN:
- 1 pond verse aardbeien of bosbessen, goed schoongemaakt
- 1 ¼ kopjes water
- 3 eetlepels gegranuleerde zoetstof
- 1 Eetlepel vers citroensap
- ½ kopje soja- of rijstkoffiecreamer
- Optioneel: 2 kopjes gekookte, gekoelde noedels

INSTRUCTIES:
a) Meng het fruit in een middelgrote pan met het water en breng het snel aan de kook.
b) Zet het vuur laag, dek af en kook gedurende 20 minuten, of tot het fruit heel zacht is.
c) Meng in een blender tot een gladde massa. Doe de puree terug in de pan en roer de suiker, het citroensap en de creamer erdoor. Laat na het roeren 5 minuten sudderen.
d) Voor het serveren de soep minimaal 2 uur laten afkoelen.
e) Deze soep wordt traditioneel puur of met koude noedels geserveerd.

36.Caribische avocadosoep

INGREDIËNTEN:
- 3 rijpe avocado's
- ½ kopje yoghurt
- 2½ kopje biologische kippenbouillon
- 1 theelepel kerriepoeder
- 1 theelepel zout
- ¼ theelepel witte peper

INSTRUCTIES
a) Halveer de avocado's in de lengte, schep het vruchtvlees uit vijf helften en bewaar één helft voor garnering.
b) Voeg een kopje kippenbouillon toe aan de blender, samen met de avocado's. Mengen.
c) Vul de blender met de yoghurt, de resterende 1 kopje bouillon, zout, witte peper en kerriepoeder. Meng opnieuw.
d) Laat 5 tot 10 minuten afkoelen in de koelkast.
e) Serveer meteen en beleg elk gerecht met een paar plakjes van de achtergehouden avocado.

KOUDE GROENTESOEPEN

37.Vichyssoise van zoete aardappel

INGREDIËNTEN:
- 1 eetlepel olijfolie
- 2 middelgrote preien, alleen de witte delen, goed gespoeld en gehakt
- 3 grote zoete aardappelen, geschild en in stukjes gesneden
- 3 kopjes groentebouillon, zelfgemaakt (zie Lichte groentebouillon) of in de winkel gekocht, of waterzout
- Snuf gemalen cayennepeper
- 1 kopje ongezoete sojamelk, of meer indien nodig
- Gesnipperde verse bieslook, voor garnering

INSTRUCTIES:
a) Verhit de olie in een grote soeppan op middelhoog vuur. Voeg de prei toe en kook tot ze zacht zijn, ongeveer 5 minuten. Voeg de zoete aardappelen, de bouillon en zout en cayennepeper naar smaak toe. Breng aan de kook, zet het vuur laag en laat het, onafgedekt, ongeveer 30 minuten sudderen tot de aardappelen zacht zijn.
b) Pureer de soep in de pan met een staafmixer of in een blender of keukenmachine, indien nodig in batches. Doe het in een grote kom en roer de sojamelk erdoor. Dek af en zet in de koelkast tot het gekoeld is, minimaal 3 uur. Proef, pas eventueel de smaak aan en voeg nog wat sojamelk toe als de soep te dik is.
c) Schep in kommen, bestrooi met bieslook en serveer.

38. Gekoelde avocado-tomatensoep

INGREDIËNTEN:
- 2 teentjes knoflook, geperst
- Zout
- 2 rijpe Hass-avocado's
- 2 theelepels citroensap
- 2 pond rijpe pruimtomaten, grof gesneden
- (14,5 ounce) kan tomaten vermalen
- kopje tomatensap
- Vers gemalen zwarte peper
- 8 verse basilicumblaadjes, voor garnering

INSTRUCTIES:
a) Meng de knoflook en 1/2 theelepel zout in een blender of keukenmachine en verwerk dit tot een pasta.
b) Ontpit en schil een van de avocado's en doe deze samen met het citroensap in de keukenmachine. Verwerk tot een gladde massa. Voeg de verse en ingeblikte tomaten, het tomatensap en zout en peper naar smaak toe. Verwerk tot een gladde massa.
c) Doe de soep in een grote kom, dek af en zet in de koelkast tot hij gekoeld is, 2 tot 3 uur.
d) Proef, pas eventueel de smaakmakers aan. Ontpit en schil de overige avocado en snijd deze in kleine dobbelsteentjes. Snijd de basilicumblaadjes in dunne reepjes. Schep de soep in kommen, voeg de in blokjes gesneden avocado toe, garneer met basilicum en serveer.

39. Komkommer Cashew Soep

INGREDIËNTEN:

- 1 teentje knoflook, geperst
- 1/2 theelepel zout
- 1 kopje gewone, ongezoete sojamelk
- 2 middelgrote Engelse komkommers, geschild en gehakt
- 2 eetlepels gehakte groene uien
- 1 eetlepel vers citroensap
- 1 eetlepel gehakte verse peterselie
- 2 theelepels gehakte verse dille of 1/2 theelepel gedroogd
- 1 eetlepel geknipte verse bieslook, voor garnering

INSTRUCTIES:

a) Maal de cashewnoten in een blender of keukenmachine tot een fijn poeder. Voeg de knoflook en het zout toe en meng tot een dikke pasta ontstaat. Voeg 1/4 kopje sojamelk toe en mix tot een gladde en romige massa.
b) Voeg de komkommers, groene uien, citroensap, peterselie en dille toe en verwerk tot een gladde massa.
c) Voeg de resterende ¾ kopje sojamelk toe en verwerk tot alles goed gemengd is.
d) Breng het mengsel over naar een grote container, dek af en zet in de koelkast tot het goed gekoeld is en de smaken gemengd zijn, 2 tot 3 uur. Proef, pas eventueel de smaakmakers aan.
e) Schep de soep in kommen, garneer met bieslook en serveer.

40.Gekoelde Wortelsoep

INGREDIËNTEN:
- 1 eetlepel canola- of druivenpitolie
- 1 kleine ui, gehakt
- 1 pond wortels, versnipperd
- 3 rijpe pruimtomaten, in stukjes gesneden
- 1 theelepel geraspte verse gember
- 1 theelepel suiker
- 1/2 theelepel zout
- 1/8 theelepel gemalen cayennepeper
- 3 kopjes groentebouillon, zelfgemaakt (zie Lichte groentebouillon) of in de winkel gekocht, of water
- 1 (13,5 ounce) blikje ongezoete kokosmelk
- 1 theelepel vers limoensap
- 1 eetlepel gehakte verse basilicum of koriander

INSTRUCTIES:
a) Verhit de olie in een grote soeppan op middelhoog vuur. Voeg de ui toe, dek af en kook tot ze zacht is, 5 minuten. Roer de wortels erdoor, dek af en kook 5 minuten langer. Voeg de tomaten, gember, suiker, zout, cayennepeper en bouillon toe. Breng aan de kook, zet het vuur laag en laat het, onafgedekt, ongeveer 30 minuten sudderen tot de groenten zacht zijn.
b) Pureer de soep in de pan met een staafmixer of in een blender of keukenmachine, indien nodig in batches. Giet de soep in een grote kom, roer de kokosmelk en het limoensap erdoor en zet in de koelkast tot het gekoeld is, minimaal 3 uur.
c) Proef, pas indien nodig de kruiden aan en schep in kommen. Garneer met basilicum en serveer.

41. Gekoelde bietensoep

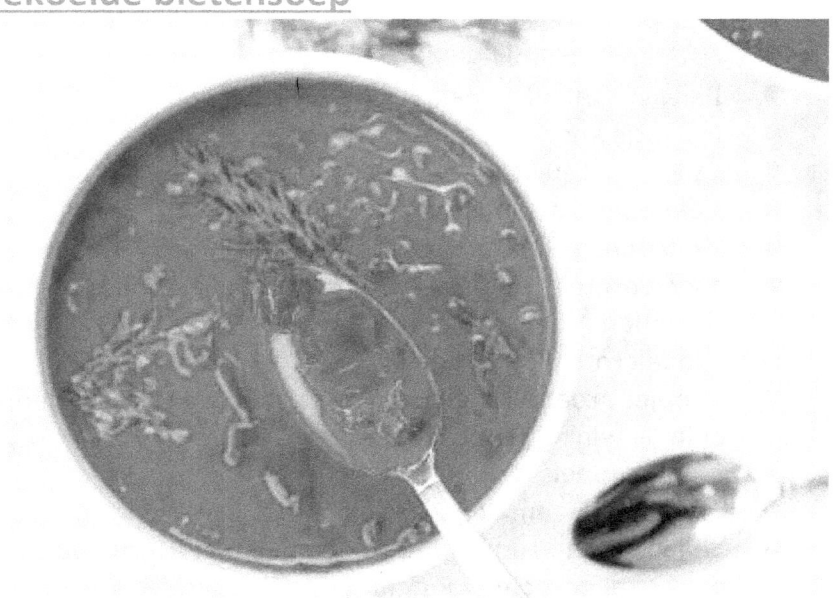

INGREDIËNTEN:
- 11/2 pond rode bieten
- 2 eetlepels olijfolie
- 1 kleine rode ui, gehakt
- 1 teentje knoflook, fijngehakt
- 1 theelepel suiker
- 3 eetlepels balsamicoazijn
- (14,5 ounce) kan tomaten vermalen
- middelgrote roodbruine aardappel, geschild en in stukjes gesneden
- middelgrote wortel, gehakt
- 4 kopjes groentebouillon, zelfgemaakt (zie Lichte groentebouillon) of in de winkel gekocht, of water
- 1 kopje appelsap
- Zout en versgemalen zwarte peper
- Veganistische zure room, zelfgemaakt (zie Tofu Sour Cream) of in de winkel gekocht, voor garnering
- Gehakte verse dille, voor garnering

INSTRUCTIES:
a) Kook de bieten in een grote pan met kokend water net lang genoeg om de schil los te laten, zodat ze gemakkelijk kunnen worden verwijderd, 15 tot 20 minuten. Giet af en laat afkoelen, laat het vel eraf glijden en gooi het weg. Snijd de bieten grof en zet apart.
b) Verhit de olie in een grote soeppan op middelhoog vuur. Voeg de ui toe, dek af en kook tot hij zacht is, ongeveer 5 minuten. Roer de knoflook, suiker en azijn erdoor en kook, onafgedekt, tot de azijn verdampt, ongeveer 1 minuut. Voeg de tomaten, gehakte bieten, aardappel en wortel toe. Roer de bouillon en het appelsap erdoor. Breng op smaak met zout en peper. Breng aan de kook, zet het vuur laag en laat het, onafgedekt, ongeveer 30 minuten sudderen tot de groenten gaar zijn. Haal van het vuur en laat iets afkoelen.
c) Pureer de soep in een blender of keukenmachine, indien nodig in batches. Doe de soep in een grote kom, dek af en zet in de koelkast tot hij gekoeld is, minimaal 3 uur.
d) Schep in kommen, garneer met de zure room en dille en serveer.

42.Koude Groene Groentesoep Met Vis

INGREDIËNTEN:
- 500 g gemengde groene groenten (zoals komkommer, groene paprika en groene uien), fijngehakt
- 200 g gekookte vis (zoals forel of zalm), in vlokken
- 2 kopjes groentebouillon
- 1 kopje zure room
- 2 eetlepels gehakte verse dille
- 2 eetlepels gehakte verse peterselie
- Zout en peper naar smaak
- Citroenschijfjes ter garnering

INSTRUCTIES:
a) Meng in een grote kom de gehakte groene groenten en de visvlokken.
b) Roer de groentebouillon en de zure room erdoor tot alles goed gemengd is.
c) Voeg de gehakte dille, peterselie, zout en peper toe en meng goed.
d) Zet de soep minimaal 1 uur in de koelkast voordat u deze serveert.
e) Serveer koud, gegarneerd met schijfjes citroen.

43. Koude Tomatillo-soep

INGREDIËNTEN:
- 1 pond tomatillos, gepeld en in vieren gedeeld
- 1 avocado, geschild en ontpit
- 1/2 kop gehakte koriander
- 1 jalapeñopeper, zonder zaadjes en fijngehakt
- 2 kopjes groentebouillon
- 1/4 kopje limoensap
- Zout en peper naar smaak
- Tortillareepjes ter garnering

INSTRUCTIES:
a) Meng in een blender de in vieren gesneden tomatillos, avocado, gehakte koriander, gehakte jalapeñopeper, groentebouillon en limoensap.
b) Mixen tot een gladde substantie.
c) Breng op smaak met zout en peper.
d) Zet de soep minimaal 1 uur in de koelkast.
e) Serveer koud, gegarneerd met tortillareepjes.

44.Wortel- en Yoghurtsoep

INGREDIËNTEN:
- 4 kopjes gesneden gestoomde wortels
- 1 kopje koud water
- ½ kopje gewone 2% Griekse yoghurt
- ¼ kopje rauwe ongezouten cashewnoten
- 2 eetlepels limoensap
- ¾ theelepel komijn
- ½ theelepel kurkuma
- ½ theelepel grof zout

INSTRUCTIES:
a) Meng wortels, water, yoghurt, cashewnoten, limoensap, komijn, kurkuma en zout.
b) Chill voor het serveren.

45.Koude Courgette-Preisoep

INGREDIËNTEN:
- 2 courgettes, gehakt
- 1 prei, alleen de witte en lichtgroene delen, in plakjes gesneden
- 2 kopjes groentebouillon
- 1/2 kop gewone Griekse yoghurt
- 2 eetlepels citroensap
- 1 eetlepel gehakte verse dille
- Zout en peper naar smaak
- Courgettelinten ter garnering

INSTRUCTIES:
a) Fruit de gehakte prei in een pan tot hij zacht is.
b) Voeg de gehakte courgettes en groentebouillon toe. Breng aan de kook en kook gedurende 10 minuten.
c) Haal van het vuur en laat iets afkoelen.
d) Breng het mengsel over naar een blender en mix tot een gladde massa.
e) Roer de Griekse yoghurt, het citroensap, de gehakte verse dille, het zout en de peper erdoor.
f) Zet de soep minimaal 1 uur in de koelkast.
g) Serveer koud, gegarneerd met courgettelinten.

46. Courgette-Avocadosoep

INGREDIËNTEN:
- 4 kopjes gehakte courgette
- 1 avocado
- ¾ kopje koud water
- ½ kopje gehakte koriander
- ½ kopje waterkers
- 3 eetlepels citroensap
- ½ theelepel grof zout
- ½ kopje kikkererwten, gespoeld en uitgelekt

INSTRUCTIES:
a) Meng courgette, avocado, water, koriander, waterkers, citroensap en zout.
b) Chill voor het serveren.

47.Koude komkommer-spinaziesoep

INGREDIËNTEN:
- 2 komkommers, geschild en gehakt
- 2 kopjes verse spinazieblaadjes
- 1/2 kopje yoghurt
- 2 eetlepels citroensap
- 1 eetlepel gehakte verse dille
- Zout en peper naar smaak
- Komkommerschijfjes ter garnering

INSTRUCTIES:
a) Meng in een blender gehakte komkommers, verse spinazieblaadjes, yoghurt, citroensap, gehakte verse dille, zout en peper.
b) Mixen tot een gladde substantie.
c) Zet de soep minimaal 1 uur in de koelkast.
d) Serveer koud, gegarneerd met plakjes komkommer.

48. Koude avocadosoep met chili-koriandercrème

INGREDIËNTEN:
- 2 rijpe avocado's, geschild en ontpit
- 2 kopjes groentebouillon
- 1/2 kopje zure room
- 1 eetlepel vers limoensap
- 1/2 theelepel gemalen komijn
- Zout en peper naar smaak
- 1/4 kop gehakte verse koriander
- Rode chilivlokken ter garnering

INSTRUCTIES:
a) Meng in een blender de avocado's, groentebouillon, zure room, limoensap en gemalen komijn.
b) Mixen tot een gladde substantie.
c) Breng op smaak met zout en peper.
d) Zet de soep minimaal 1 uur in de koelkast.
e) Schep de koude soep in kommen om te serveren. Garneer met gehakte koriander en een snufje rode chilivlokken.

49.Bieten- en Rode Koolsoep

INGREDIËNTEN:
- Twee 8-ounce pakketten voorgekookte bieten
- 1 kopje karnemelk
- 1 kopje gesneden rode kool
- ¼ kopje dille
- 2 eetlepels bereide mierikswortel
- ¾ theelepel grof zout

INSTRUCTIES:
a) Meng bieten, karnemelk, kool, dille, mierikswortel en zout.
b) Chill voor het serveren.

50.Tomaten- en Rode Paprikasoep

INGREDIËNTEN:
- 1 kopje uitgelekte geroosterde rode paprika
- 4 kopjes in vieren gesneden tomaten
- ¼ kopje gehakte basilicum en geroosterde amandelen
- 2 eetlepels extra vergine olijfolie
- 1 eetlepel sherry- of rode wijnazijn

INSTRUCTIES:
a) Meng alle ingrediënten.
b) Chill voor het serveren.

51.Gember- en Wortelsoep

INGREDIËNTEN:
- 2 eetlepels olijfolie
- 1 middelgrote ui
- 1 stuk verse gember van 2 inch
- 1 teentje knoflook
- 2 pond wortelen
- 6 kopjes natriumarme groentebouillon
- Sap van 1 limoen
- 1 kopje yoghurt
- Zout en versgemalen zwarte peper naar smaak

INSTRUCTIES:
a) Fruit de ui, gember en knoflook.
b) Voeg wortels en bouillon toe, laat sudderen tot ze gaar zijn.
c) Pureer de soep en laat afkoelen.
d) Roer voor het serveren het limoensap en de yoghurt erdoor.

52. Koude avocado- en karnemelksoep

INGREDIËNTEN:
- 2 rijpe avocado's, geschild en ontpit
- 2 kopjes karnemelk
- 1/4 kop gehakte verse koriander
- 2 eetlepels vers limoensap
- 1 teentje knoflook, fijngehakt
- Zout en peper naar smaak
- Dun gesneden radijsjes ter garnering
- Limoenpartjes ter garnering

INSTRUCTIES:
a) Meng in een blender de avocado's, karnemelk, koriander, limoensap en gehakte knoflook.
b) Meng tot een glad en romig mengsel.
c) Breng op smaak met zout en peper.
d) Zet de soep minimaal 1 uur in de koelkast.
e) Serveer koud, gegarneerd met dun gesneden radijsjes en partjes limoen.

53. Curried Courgette Knoflooksoep

INGREDIËNTEN:
- 2 eetlepels olijfolie
- 1 middelgrote ui
- 1 teentje knoflook
- 2 theelepels kerriepoeder
- 2 pond courgette
- 4 kopjes natriumarme kippen- of groentebouillon
- Zout en versgemalen zwarte peper naar smaak
- 1 kopje zure room met verlaagd vetgehalte
- 2 eetlepels gehakte verse koriander voor garnering

INSTRUCTIES:
a) Fruit de ui, knoflook en kerriepoeder.
b) Voeg courgette en bouillon toe, laat sudderen tot ze gaar zijn.
c) Pureer de soep en laat afkoelen.
d) Roer de zure room erdoor en breng op smaak voor het serveren.

54.Dille-yoghurt-komkommersoep

INGREDIËNTEN:
- 2 grote komkommers, geschild en in blokjes gesneden
- 2 kopjes Griekse yoghurt
- 1 teentje knoflook, fijngehakt
- 2 eetlepels vers citroensap
- 1 eetlepel gehakte verse dille
- Zout en peper naar smaak
- Extra vergine olijfolie om te besprenkelen
- Gehakte verse munt voor garnering

INSTRUCTIES:
a) Meng in een blender de in blokjes gesneden komkommers, Griekse yoghurt, gehakte knoflook, citroensap en gehakte dille.
b) Meng tot een glad en romig mengsel.
c) Breng op smaak met zout en peper.
d) Zet de soep minimaal 2 uur in de koelkast.
e) Besprenkel voor het serveren met extra vergine olijfolie en garneer met gehakte verse munt.

55.Borsjt

INGREDIËNTEN:
- 2 bosjes bieten met groen (ongeveer 8-9 middelgrote bieten)
- ½ kopje gehakte ui
- Een pond kan gestoofde tomaten
- 3 Eetlepels vers citroensap
- ⅓ kopje gegranuleerde zoetstof

INSTRUCTIES:
a) Boen en reinig de bieten, maar laat de schil eraan. Houd de greens veilig. Combineer de bieten, ui en 3 liter water in een grote pot.
b) Laat een uur koken, of tot de bieten extreem zacht zijn. Haal de bieten uit het water, maar GOOI HET WATER NIET WEG. Gooi de uien eruit.
c) Doe de bieten terug in het water nadat u ze fijngehakt hebt. Groenen moeten worden gewassen en gehakt voordat ze aan water worden toegevoegd. Meng de tomaten, het citroensap en de zoetstof in een mengkom. Kook gedurende 30 minuten op middelhoog vuur, of tot de groenten gaar zijn.
d) Voor het serveren minimaal 2 uur koel laten staan.

56.Romige Basilicum Courgettesoep

INGREDIËNTEN:
- 1 eetlepel olijfolie
- 1 grote gele ui, gehakt
- 2 pond courgette, in plakjes van 1/4 inch dik
- 4 kopjes natriumarm of zelfgemaakte kippenbouillon
- 1 kopje los verpakte basilicumblaadjes, gewassen en ontsteeld, plus meer voor garnering
- 2 eetlepels crème fraîche (zie opmerkingen), plus meer voor garnering
- 1/4 theelepel chilipoeder, plus meer voor garnering
- Kosjer zout

INSTRUCTIES:
a) Verhit olijfolie in een grote pan op middelhoog vuur. Voeg de ui toe en kook tot hij doorschijnend is, ongeveer 5 minuten. Voeg courgette toe en kook nog 2 minuten; Voeg vervolgens kippenbouillon en 1 kopje basilicumblaadjes toe. Zet het vuur lager en kook 20 minuten.

b) Pureer de soep in gedeelten in een blender. Giet de soep door een zeef in een kom en duw eventuele vaste stukjes er met een pollepel doorheen. Voeg 2 eetl. crème fraîche en 1/4 theelepel. Chili poeder. Breng op smaak met zout.

c) Verdeel de soep over kommen en garneer elk met wat crème fraîche, een snufje chilipoeder en een paar basilicumblaadjes.

KOUDE VIS- EN ZEEVRUCHTSOEPEN

57.Koude Komkommersoep Met Kruidengarnalen

INGREDIËNTEN:
- 2 grote Engelse komkommers
- 1 kopje yoghurt
- 2 teentjes knoflook
- 2 eetlepels verse dille, gehakt
- 2 el verse munt, gehakt
- 1 citroen
- Zout
- Peper
- 12 grote garnalen, gepeld en ontdaan
- Olijfolie
- 1 el verse peterselie, fijngehakt (voor garnering)

INSTRUCTIES:
KOMKOMMERSOEP BEREIDEN:
a) Schil en snij de komkommers.
b) Meng in een blender of keukenmachine de gehakte komkommers, yoghurt, teentjes knoflook, dille, munt en het sap van een halve citroen.
c) Mixen tot een gladde substantie.
d) Breng de soep op smaak met peper en zout.
e) Doe de soep in een grote kom en zet hem in de koelkast tot hij klaar is om te serveren.

BEREIDING KRUIDENGARNALEN:
f) Verhit een scheutje olijfolie in een koekenpan of koekenpan op middelhoog vuur.
g) Breng de garnalen op smaak met peper en zout.
h) Voeg de garnalen toe aan de koekenpan en bak 2-3 minuten aan elke kant, of tot ze roze en gaar zijn.
i) Knijp tijdens het koken het sap van de resterende halve citroen over de garnalen.
j) Haal de garnalen uit de pan en zet opzij.

DIENEN:
k) Schep de gekoelde komkommersoep in kommen.
l) Beleg elke kom met een paar kruidengarnalen.
m) Garneer met gehakte peterselie.
n) Serveer meteen en geniet van je verfrissende koude komkommersoep met kruidengarnalen!

58.Gekoelde garnalen- en avocadosoep

INGREDIËNTEN:
- 1 pond gekookte garnalen, gepeld en ontdaan van darmen
- 2 rijpe avocado's, geschild en in blokjes gesneden
- 1 komkommer, geschild, gezaaid en in blokjes gesneden
- 1/4 kop gehakte verse koriander
- 2 eetlepels limoensap
- 2 kopjes groentebouillon of zeevruchtenbouillon
- Zout en peper naar smaak

INSTRUCTIES:
a) Meng in een blender een avocado, de helft van de komkommer, koriander, limoensap en groentebouillon. Mixen tot een gladde substantie.
b) Snijd de overgebleven avocado en komkommer in kleine stukjes en voeg ze toe aan de soep.
c) Roer de gekookte garnalen erdoor.
d) Breng op smaak met zout en peper.
e) Zet het minimaal 1 uur in de koelkast voordat u het serveert.
f) Serveer koud, eventueel gegarneerd met extra koriander.

59. Gekoelde Kreeftenbisque

INGREDIËNTEN:

- 2 kreeftenstaarten, gekookt en gehakt
- 2 kopjes zware room
- 1 kopje zeevruchtenbouillon
- 1/4 kopje droge sherry
- 2 eetlepels tomatenpuree
- 1/4 theelepel paprikapoeder
- Zout en peper naar smaak
- Gehakte bieslook ter garnering

INSTRUCTIES:

a) Meng in een blender de gekookte kreeftenstaarten, slagroom, zeevruchtenbouillon, sherry, tomatenpuree en paprika. Mixen tot een gladde substantie.
b) Breng op smaak met zout en peper.
c) Zet het minimaal 2 uur in de koelkast voordat u het serveert.
d) Serveer koud, gegarneerd met gehakte bieslook.

60.Koud Gerookte Zalmsoep

INGREDIËNTEN:
- 8 oz gerookte zalm, gehakt
- 2 kopjes Griekse yoghurt
- 1 komkommer, geschild, gezaaid en in blokjes gesneden
- 2 groene uien, in dunne plakjes gesneden
- 2 eetlepels gehakte verse dille
- 2 eetlepels citroensap
- 1 kopje groentebouillon of zeevruchtenbouillon
- Zout en peper naar smaak

INSTRUCTIES:
a) Meng in een blender de gerookte zalm, Griekse yoghurt, komkommer, groene uien, dille, citroensap en groentebouillon. Mixen tot een gladde substantie.
b) Breng op smaak met zout en peper.
c) Zet het minimaal 1 uur in de koelkast voordat u het serveert.
d) Serveer koud, gegarneerd met een takje dille.

61.Gekoelde krabgazpacho

INGREDIËNTEN:
- 1 pond krabvlees
- 2 grote tomaten, in blokjes gesneden
- 1 komkommer, geschild, gezaaid en in blokjes gesneden
- 1 rode paprika, in blokjes gesneden
- 1/4 kopje gehakte rode ui
- 2 teentjes knoflook, fijngehakt
- 2 eetlepels gehakte verse peterselie
- 2 eetlepels rode wijnazijn
- 2 kopjes tomatensap
- Zout en peper naar smaak

INSTRUCTIES:
a) Meng in een blender een tomaat, de helft van de komkommer, de helft van de rode paprika, rode ui, knoflook, peterselie, rode wijnazijn en tomatensap. Mixen tot een gladde substantie.
b) Snijd de overgebleven tomaat, komkommer en rode paprika in kleine stukjes en voeg ze toe aan de soep.
c) Roer het klontje krabvlees erdoor.
d) Breng op smaak met zout en peper.
e) Zet het minimaal 1 uur in de koelkast voordat u het serveert.
f) Serveer koud, eventueel gegarneerd met extra peterselie.

62. Koude Krabsoep

INGREDIËNTEN:
- 500 gram krabvlees
- 2 kopjes kippenbouillon
- 1 kopje zware room
- 1/4 kopje droge witte wijn
- 1/4 kop gehakte verse bieslook
- 2 eetlepels citroensap
- Zout en peper naar smaak
- Citroenpartjes ter garnering

INSTRUCTIES:
a) Meng in een grote kom het krabvlees, de kippenbouillon, de slagroom, de witte wijn, de gehakte bieslook en het citroensap.
b) Breng op smaak met zout en peper.
c) Zet de soep minimaal 1 uur in de koelkast.
d) Serveer koud, gegarneerd met partjes citroen.
e) (Let op: Indien gewenst kan de soep gepureerd worden voor een gladdere consistentie)

63. Koude karnemelk-garnalensoep

INGREDIËNTEN:
- 2 kopjes karnemelk
- 1 kopje yoghurt
- 200 g gekookte garnalen, gepeld en ontdaan
- 1 komkommer, geschild, gezaaid en in blokjes gesneden
- 2 eetlepels gehakte verse dille
- 1 eetlepel gehakte verse bieslook
- Zout en peper naar smaak
- Citroenpartjes ter garnering

INSTRUCTIES:
a) Meng in een grote kom de karnemelk, yoghurt, gekookte garnalen, in blokjes gesneden komkommer, gehakte dille en gehakte bieslook.
b) Breng op smaak met zout en peper.
c) Zet de soep minimaal 1 uur in de koelkast.
d) Serveer koud, gegarneerd met partjes citroen.

64. Gekoelde komkommer- en krabsoep

INGREDIËNTEN:
- 1 pond krabvlees
- 2 Engelse komkommers, geschild en in blokjes gesneden
- 1/2 kop gewone Griekse yoghurt
- 1/4 kop gehakte verse dille
- 2 eetlepels citroensap
- 2 kopjes groentebouillon of zeevruchtenbouillon
- Zout en peper naar smaak

INSTRUCTIES:
a) Meng in een blender een komkommer, Griekse yoghurt, dille, citroensap en groentebouillon. Mixen tot een gladde substantie.
b) Snijd de overgebleven komkommer in kleine stukjes en voeg deze toe aan de soep.
c) Roer het klontje krabvlees erdoor.
d) Breng op smaak met zout en peper.
e) Zet het minimaal 1 uur in de koelkast voordat u het serveert.
f) Serveer koud, gegarneerd met een takje dille.

65. Gekoelde Kokos Garnalensoep

INGREDIËNTEN:
- 1 pond gekookte garnalen, gepeld en ontdaan van darmen
- 1 blikje kokosmelk
- 1 kop kip- of zeevruchtenbouillon
- 1 rode paprika, in blokjes gesneden
- 1/2 kop in blokjes gesneden ananas
- 2 eetlepels limoensap
- 1 eetlepel vissaus
- 1 eetlepel gehakte verse koriander
- Zout en peper naar smaak

INSTRUCTIES:
a) Meng in een blender de kokosmelk, bouillon, limoensap, vissaus en de helft van de rode paprika. Mixen tot een gladde substantie.
b) Roer de resterende rode paprika, in blokjes gesneden ananas en gekookte garnalen erdoor.
c) Breng op smaak met zout en peper.
d) Zet het minimaal 1 uur in de koelkast voordat u het serveert.
e) Serveer koud, gegarneerd met gehakte koriander.

66. Koude tonijn-witte bonensoep

INGREDIËNTEN:
- 2 blikjes (elk 5 oz) tonijn, uitgelekt
- 2 kopjes gekookte witte bonen (zoals cannellini of marinebonen)
- 1 kopje in blokjes gesneden tomaten
- 1/4 kop gehakte rode ui
- 2 eetlepels gehakte verse peterselie
- 2 eetlepels rode wijnazijn
- 1 eetlepel olijfolie
- Zout en peper naar smaak

INSTRUCTIES:
a) Meng in een grote kom de tonijn, witte bonen, tomatenblokjes, rode ui, peterselie, rode wijnazijn en olijfolie.
b) Breng op smaak met zout en peper.
c) Zet het minimaal 1 uur in de koelkast voordat u het serveert.
d) Serveer koud, eventueel gegarneerd met extra peterselie.

67.Gekoelde sint-jakobsschelp en maïssoep

INGREDIËNTEN:
- 1 pond zeeschelpen, gekookt en in plakjes gesneden
- 2 kopjes verse maïskorrels
- 1 rode paprika, in blokjes gesneden
- 1/2 kopje in blokjes gesneden selderij
- 2 groene uien, in dunne plakjes gesneden
- 2 kopjes groentebouillon of zeevruchtenbouillon
- 1/4 kopje limoensap
- 1/4 kop gehakte verse koriander
- Zout en peper naar smaak

INSTRUCTIES:
a) Meng in een grote kom de sint-jakobsschelpen, maïskorrels, rode paprika, selderij, groene uien, groentebouillon, limoensap en koriander.
b) Breng op smaak met zout en peper.
c) Zet het minimaal 1 uur in de koelkast voordat u het serveert.
d) Serveer koud, gegarneerd met een takje koriander.

KOUDE GEVOGELTESOEPEN

68. Gekoelde kippen- en groentesoep

INGREDIËNTEN:
- 2 kopjes gekookte kipfilet, versnipperd
- 2 wortels, geschild en in blokjes
- 2 stengels bleekselderij, in blokjes gesneden
- 1/2 kopje bevroren erwten
- 1/4 kop gehakte verse peterselie
- 6 kopjes kippenbouillon
- 2 eetlepels citroensap
- Zout en peper naar smaak

INSTRUCTIES:
a) Meng in een grote kom de gekookte kipfilet, wortels, selderij, erwten en peterselie.
b) Giet de kippenbouillon en het citroensap over het mengsel en roer goed.
c) Breng op smaak met zout en peper.
d) Zet het minimaal 2 uur in de koelkast voordat u het serveert.
e) Serveer koud, eventueel gegarneerd met extra peterselie.

69.Gekoelde kalkoen- en cranberrysoep

INGREDIËNTEN:
- 2 kopjes gekookte kalkoenfilet, versnipperd
- 1/2 kop gedroogde veenbessen
- 1/4 kop gehakte pecannoten
- 2 groene uien, in dunne plakjes gesneden
- 4 kopjes kippenbouillon
- 1/2 kop gewone Griekse yoghurt
- 2 eetlepels ahornsiroop
- Zout en peper naar smaak

INSTRUCTIES:
a) Meng in een grote kom de gekookte kalkoenfilet, gedroogde veenbessen, pecannoten en groene uien.
b) Klop in een aparte kom de kippenbouillon, Griekse yoghurt en ahornsiroop tot een gladde massa.
c) Giet het bouillonmengsel over het kalkoenmengsel en roer goed.
d) Breng op smaak met zout en peper.
e) Zet het minimaal 2 uur in de koelkast voordat u het serveert.
f) Serveer koud, gegarneerd met een snufje gehakte pecannoten.

70. Gekoelde kippen- en maïssoep

INGREDIËNTEN:
- 2 kopjes gekookte kipfilet, in blokjes gesneden
- 2 kopjes verse of bevroren maïskorrels
- 1 rode paprika, in blokjes gesneden
- 1/2 kopje in blokjes gesneden komkommer
- 1/4 kop gehakte verse koriander
- 4 kopjes kippenbouillon
- 2 eetlepels limoensap
- Zout en peper naar smaak

INSTRUCTIES:
a) Meng in een grote kom de gekookte kipfilet, maïskorrels, rode paprika, komkommer en koriander.
b) Giet de kippenbouillon en het limoensap over het mengsel en roer goed.
c) Breng op smaak met zout en peper.
d) Zet het minimaal 2 uur in de koelkast voordat u het serveert.
e) Serveer koud, gegarneerd met een takje koriander.

71. Gekoelde kalkoen- en avocadosoep

INGREDIËNTEN:
- 2 kopjes gekookte kalkoenfilet, in blokjes gesneden
- 2 rijpe avocado's, geschild en in blokjes gesneden
- 1/2 kop in blokjes gesneden tomaten
- 1/4 kopje gehakte rode ui
- 2 eetlepels gehakte verse koriander
- 4 kopjes kippenbouillon
- 2 eetlepels limoensap
- Zout en peper naar smaak

INSTRUCTIES:
a) Meng in een grote kom de gekookte kalkoenfilet, avocado's, tomaten, rode ui en koriander.
b) Giet de kippenbouillon en het limoensap over het mengsel en roer goed.
c) Breng op smaak met zout en peper.
d) Zet het minimaal 2 uur in de koelkast voordat u het serveert.
e) Serveer koud, eventueel gegarneerd met extra koriander.

72.Gekoelde Orzo-kip-citroensoep

INGREDIËNTEN:
- 2 kopjes gekookte kipfilet, versnipperd
- 1/2 kop ongekookte orzo-pasta
- 2 wortels, geschild en in blokjes
- 2 stengels bleekselderij, in blokjes gesneden
- 4 kopjes kippenbouillon
- 1/4 kopje citroensap
- 2 eetlepels gehakte verse dille
- Zout en peper naar smaak

INSTRUCTIES:
a) Breng de kippenbouillon in een grote pan aan de kook. Voeg orzo-pasta toe en kook volgens de instructies op de verpakking tot ze beetgaar zijn.
b) Roer de gekookte kipfilet, wortels, selderij, citroensap en gehakte verse dille erdoor.
c) Breng op smaak met zout en peper.
d) Haal van het vuur en laat afkoelen tot kamertemperatuur.
e) Zet het in de koelkast en laat het minimaal 2 uur afkoelen voordat je het serveert.
f) Serveer koud, gegarneerd met een takje dille.

73. Gekoelde kalkoen- en spinaziesoep

INGREDIËNTEN:
- 2 kopjes gekookte kalkoenfilet, in blokjes gesneden
- 4 kopjes kippenbouillon
- 2 kopjes verse spinazieblaadjes
- 1/2 kop in blokjes gesneden wortelen
- 1/2 kopje in blokjes gesneden selderij
- 1/4 kopje in blokjes gesneden ui
- 2 teentjes knoflook, fijngehakt
- 1 eetlepel olijfolie
- Zout en peper naar smaak

INSTRUCTIES:
a) Verhit olijfolie in een grote pan op middelhoog vuur. Voeg de in blokjes gesneden ui en de gehakte knoflook toe en bak tot ze zacht zijn.
b) Voeg de in blokjes gesneden wortel en selderij toe en kook nog 2-3 minuten.
c) Giet de kippenbouillon erbij en breng aan de kook. Voeg de in blokjes gesneden kalkoenfilet en spinazieblaadjes toe.
d) Laat 5-10 minuten sudderen tot de groenten gaar zijn en de smaken goed zijn gecombineerd.
e) Breng op smaak met zout en peper.
f) Haal van het vuur en laat afkoelen tot kamertemperatuur.
g) Zet het in de koelkast en laat het minimaal 2 uur afkoelen voordat je het serveert.
h) Serveer koud.

74. Gekoelde kip- en mangosoep

INGREDIËNTEN:
- 2 kopjes gekookte kipfilet, versnipperd
- 2 rijpe mango's, geschild en in blokjes gesneden
- 1/2 kopje in blokjes gesneden rode paprika
- 1/4 kopje in blokjes gesneden rode ui
- 2 eetlepels gehakte verse koriander
- 4 kopjes kippenbouillon
- 2 eetlepels limoensap
- Zout en peper naar smaak

INSTRUCTIES:
a) Meng in een blender een in blokjes gesneden mango met kippenbouillon en limoensap. Mixen tot een gladde substantie.
b) Meng in een grote kom de gekookte kipfilet, de in blokjes gesneden mango, de in blokjes gesneden rode paprika, de in blokjes gesneden rode ui en de gehakte koriander.
c) Giet het gemengde mangomengsel over het kip- en groentemengsel en roer goed.
d) Breng op smaak met zout en peper.
e) Zet het minimaal 2 uur in de koelkast voordat u het serveert.
f) Serveer koud, eventueel gegarneerd met extra koriander.

75.Kip- en rijstsoep met kokosmelk

INGREDIËNTEN:
- 2 kopjes gekookte kipfilet, in blokjes gesneden
- 1 kop gekookte rijst
- 1 blikje kokosmelk
- 4 kopjes kippenbouillon
- 2 eetlepels vissaus
- 2 eetlepels limoensap
- 2 teentjes knoflook, fijngehakt
- 1 eetlepel geraspte gember
- 1 rode chilipeper, in dunne plakjes gesneden (optioneel voor kruiden)
- Zout en peper naar smaak

INSTRUCTIES:
a) Meng in een grote pan kippenbouillon, kokosmelk, vissaus, limoensap, gehakte knoflook, geraspte gember en gesneden rode chilipeper (indien gebruikt). Breng aan de kook.
b) Voeg de in blokjes gesneden kipfilet en gekookte rijst toe aan de pot. Laat 5-10 minuten sudderen tot het warm is.
c) Breng op smaak met zout en peper.
d) Haal van het vuur en laat afkoelen tot kamertemperatuur.
e) Zet het in de koelkast en laat het minimaal 2 uur afkoelen voordat je het serveert.
f) Serveer koud.

76.Koude kip-, selderij- en walnootsoep

INGREDIËNTEN:
- 2 kopjes gekookte kipfilet, versnipperd
- 2 stengels bleekselderij, fijngehakt
- 1/2 kopje walnoten, gehakt
- 4 kopjes kippenbouillon
- 1 kopje yoghurt
- 2 eetlepels citroensap
- Zout en peper naar smaak
- Verse peterselie ter garnering

INSTRUCTIES:
a) Meng in een grote kom de geraspte kip, de gehakte bleekselderij en de gehakte walnoten.
b) Roer de kippenbouillon, yoghurt en citroensap erdoor. Goed mengen.
c) Breng op smaak met zout en peper.
d) Zet de soep minimaal 1 uur in de koelkast.
e) Serveer koud, gegarneerd met verse peterselie.

77.Koude aspergesoep met kwarteleitjes en kaviaar

INGREDIËNTEN:
- 500 g asperges, schoongemaakt en in stukjes gesneden
- 4 kopjes groentebouillon
- 1 kopje Griekse yoghurt
- Zout en peper naar smaak
- 8 kwarteleitjes, hardgekookt en gepeld
- Kaviaar voor garnering
- Gehakte bieslook ter garnering

INSTRUCTIES:
a) Breng de groentebouillon in een grote pan aan de kook. Voeg de gehakte asperges toe en kook tot ze gaar zijn, ongeveer 5-7 minuten.
b) Haal van het vuur en laat iets afkoelen.
c) Pureer de gekookte asperges en de bouillon in een blender tot een gladde massa.
d) Roer de Griekse yoghurt erdoor en breng op smaak met peper en zout.
e) Zet de soep minimaal 1 uur in de koelkast.
f) Schep de koude soep in kommen om te serveren. Snijd de kwarteleitjes doormidden en leg ze op de soep. Garneer met kaviaar en gehakte bieslook.

KOUDE KRUIDE SOEPEN

78. Meloensoep Met Munt

INGREDIËNTEN:
- 1 grote meloen
- ¼ kopje honing
- ½ kopje sinaasappelsap
- 1½ eetlepel fijngehakte verse munt

INSTRUCTIES:
a) Meng meloen, honing en sinaasappelsap.
b) Laat afkoelen en roer de munt erdoor voordat je het serveert.

79.Gekoelde Courgettesoep Met Munt

INGREDIËNTEN:
- 3 (14 ½ ounce) blikjes natriumarme kippenbouillon
- 2 eetlepels vers citroensap
- 3 courgettes
- 1 ui
- 1 teentje knoflook
- 3 eetlepels gehakte munt
- 4 eetlepels vetvrije zure room

INSTRUCTIES:
a) Kook bouillon met groenten.
b) Pureer met citroensap en munt.
c) Laat afkoelen en serveer met een klodder zure room.

80.Koudgeslagen Erwtensoep

INGREDIËNTEN:
- 2 kopjes bevroren erwten, ontdooid
- 1 kleine ui, gehakt
- 2 kopjes groentebouillon
- 1/2 kop gewone Griekse yoghurt
- 1 eetlepel gehakte verse muntblaadjes
- Zout en peper naar smaak
- Citroenschil voor garnering (optioneel)

INSTRUCTIES:
a) Fruit de gesnipperde ui in een pan tot hij glazig is.
b) Voeg de ontdooide erwten en groentebouillon toe. Breng aan de kook en kook gedurende 5 minuten.
c) Haal van het vuur en laat iets afkoelen.
d) Breng het mengsel over naar een blender en mix tot een gladde massa.
e) Roer de Griekse yoghurt en de gehakte muntblaadjes erdoor. Breng op smaak met zout en peper.
f) Zet de soep minimaal 1 uur in de koelkast.
g) Serveer koud, eventueel gegarneerd met citroenschil.

81. Koude Zuringsoep

INGREDIËNTEN:
- 4 kopjes verse zuringbladeren, stengels verwijderd
- 1 kleine ui, gehakt
- 2 kopjes groentebouillon
- 1 kopje gewone Griekse yoghurt
- 1 eetlepel citroensap
- Zout en peper naar smaak
- Verse bieslook ter garnering

INSTRUCTIES:
a) Fruit de gesnipperde ui in een pan tot hij glazig is.
b) Voeg de zuringblaadjes en de groentebouillon toe. Breng aan de kook en kook gedurende 5 minuten.
c) Haal van het vuur en laat iets afkoelen.
d) Breng het mengsel over naar een blender en mix tot een gladde massa.
e) Roer de Griekse yoghurt en het citroensap erdoor. Breng op smaak met zout en peper.
f) Zet de soep minimaal 1 uur in de koelkast.
g) Serveer koud, gegarneerd met verse bieslook.

82. Gekoelde avocado- en koriandersoep

INGREDIËNTEN:
- 2 rijpe avocado's, geschild en in blokjes gesneden
- 1 kopje groentebouillon
- 1/4 kop verse korianderblaadjes
- 1/4 kop gehakte groene uien
- 2 eetlepels limoensap
- 1 teentje knoflook, fijngehakt
- Zout en peper naar smaak

INSTRUCTIES:
a) Meng in een blender de avocado's, groentebouillon, korianderblaadjes, groene uien, limoensap en gehakte knoflook.
b) Mixen tot een gladde substantie.
c) Breng op smaak met zout en peper.
d) Zet het minimaal 1 uur in de koelkast voordat u het serveert.
e) Serveer koud, gegarneerd met een takje koriander.

83. Gekoelde Erwten- en Dragonsoep

INGREDIËNTEN:
- 2 kopjes bevroren erwten, ontdooid
- 1 kleine ui, gehakt
- 2 kopjes groentebouillon
- 1/4 kopje verse dragonblaadjes
- 1/4 kop gewone Griekse yoghurt
- 2 eetlepels citroensap
- Zout en peper naar smaak

INSTRUCTIES:
a) Fruit de gesnipperde ui in een pan tot hij glazig is.
b) Voeg de ontdooide erwten en groentebouillon toe aan de pot. Breng aan de kook, zet het vuur lager en laat 5 minuten sudderen.
c) Haal van het vuur en laat iets afkoelen.
d) Breng het erwtenmengsel over naar een blender. Voeg de verse dragonblaadjes, Griekse yoghurt en citroensap toe.
e) Mixen tot een gladde substantie.
f) Breng op smaak met zout en peper.
g) Zet het minimaal 1 uur in de koelkast voordat u het serveert.
h) Serveer koud, gegarneerd met een takje dragon.

84. Gekoelde spinazie-dillesoep

INGREDIËNTEN:
- 4 kopjes verse spinazieblaadjes
- 1 kopje gewone Griekse yoghurt
- 1/4 kop gehakte verse dille
- 2 groene uien, gehakt
- 2 eetlepels citroensap
- 2 kopjes groentebouillon
- Zout en peper naar smaak

INSTRUCTIES:
a) Meng in een blender de spinazieblaadjes, Griekse yoghurt, dille, groene uien, citroensap en groentebouillon.
b) Mixen tot een gladde substantie.
c) Breng op smaak met zout en peper.
d) Zet het minimaal 1 uur in de koelkast voordat u het serveert.
e) Serveer koud, gegarneerd met een takje dille.

85. Gekoelde courgette-peterseliesoep

INGREDIËNTEN:
- 3 middelgrote courgettes, in blokjes gesneden
- 1 ui, gehakt
- 2 teentjes knoflook, fijngehakt
- 4 kopjes groentebouillon
- 1/4 kop gehakte verse peterselie
- 2 eetlepels citroensap
- 2 eetlepels olijfolie
- Zout en peper naar smaak

INSTRUCTIES:
a) Verhit olijfolie in een pan op middelhoog vuur. Voeg de gesnipperde ui en de gehakte knoflook toe en bak tot ze zacht zijn.
b) Voeg de in blokjes gesneden courgette toe aan de pan en bak nog 5 minuten.
c) Giet de groentebouillon erbij en breng aan de kook. Zet het vuur laag en laat 10-15 minuten sudderen tot de courgette gaar is.
d) Haal van het vuur en laat iets afkoelen.
e) Doe de soep in een blender. Voeg de gehakte peterselie en het citroensap toe.
f) Mixen tot een gladde substantie.
g) Breng op smaak met zout en peper.
h) Zet het minimaal 1 uur in de koelkast voordat u het serveert.
i) Serveer koud.

86.Gekoelde asperge- en bieslooksoep

INGREDIËNTEN:
- 1 pond asperges, bijgesneden en gehakt
- 1 ui, gehakt
- 2 teentjes knoflook, fijngehakt
- 4 kopjes groentebouillon
- 1/4 kop gehakte verse bieslook
- 2 eetlepels citroensap
- 2 eetlepels olijfolie
- Zout en peper naar smaak

INSTRUCTIES:
a) Verhit olijfolie in een pan op middelhoog vuur. Voeg de gesnipperde ui en de gehakte knoflook toe en bak tot ze zacht zijn.
b) Voeg de gehakte asperges toe aan de pan en bak nog eens 5 minuten.
c) Giet de groentebouillon erbij en breng aan de kook. Zet het vuur lager en laat 10-15 minuten koken tot de asperges gaar zijn.
d) Haal van het vuur en laat iets afkoelen.
e) Doe de soep in een blender. Voeg de gehakte bieslook en het citroensap toe.
f) Mixen tot een gladde substantie.
g) Breng op smaak met zout en peper.
h) Zet het minimaal 1 uur in de koelkast voordat u het serveert.
i) Serveer koud.

87.Gekoelde bieten- en muntsoep

INGREDIËNTEN:
- 3 middelgrote bieten, gekookt en geschild
- 1 kopje gewone Griekse yoghurt
- 1/4 kop gehakte verse muntblaadjes
- 2 eetlepels citroensap
- 2 kopjes groentebouillon
- Zout en peper naar smaak

INSTRUCTIES:
a) Meng in een blender de gekookte bieten, Griekse yoghurt, muntblaadjes, citroensap en groentebouillon.
b) Mixen tot een gladde substantie.
c) Breng op smaak met zout en peper.
d) Zet het minimaal 1 uur in de koelkast voordat u het serveert.
e) Serveer koud, gegarneerd met een takje munt.

88. Chinese Kruiden Kippensoep

INGREDIËNTEN:
- 1 hele zijdehoenkip, gestript
- 1/4 kopje Shaoxing-wijn
- 1 eetlepel koosjer zout, plus meer indien nodig
- 1 1/2 ounces gedroogde rode jujubes (da zao)
- 25 g gedroogde shiitake-paddenstoelen, bij voorkeur in plakjes gesneden
- 1 ounce (25 g; ongeveer 1/4 kop) gedroogde gojibessen
- 3/4 ounce gedroogde Chinese yam (huai shan; optioneel)
- 1/3 ounce gedroogde gesneden engelwortel (dong quai)
- 1/3 ounce gedroogde leliebol (bai he; zie opmerkingen)
- 4 lente-uitjes, bijgesneden en fijngehakt
- 1 1/2 ounces gepelde verse gember, in dunne plakjes gesneden
- 10 g gedroogde sint-jakobsschelpen, grof gehakt
- 1/4 theelepel gemalen witte peper
- Witte sojasaus, naar smaak (optioneel; zie opmerkingen)

VOOR GARNERING:
- 3/4 ounce gedroogde rode jujubes (da zao), ontpit en in plakjes gesneden
- 1/2 ounce gedroogde gojibessen
- Gesneden lente-uitjes, naar wens

INSTRUCTIES:
a) Bedek de zijden kip in een grote soeppan of Nederlandse oven met koud water, zet op hoog vuur en breng aan de kook. Haal van het vuur. Giet af en doe de kip in een grote kom met koud water tot hij afgekoeld is. Goed laten uitlekken.
b) Wrijf de kip helemaal in met Shaoxing-wijn en 1 eetlepel zout.
c) Meng ondertussen in een middelgrote hittebestendige kom jujubes, shiitakes, gojibessen, Chinese yam (indien gebruikt), engelwortel en leliebol. Giet er 400 ml kokend water over en laat het ongeveer 15 minuten staan tot het weer is gehydrateerd. Als u hele shiitakes gebruikt, snijd ze dan in plakjes na het rehydrateren.
d) Maak de soeppan of de braadpan schoon en doe de zijdehoenkip er samen met eventuele Shaoxing-wijn in. Voeg gerehydrateerde

aromaten en hun weekvloeistof toe, samen met lente-uitjes, gember, gedroogde sint-jakobsschelpen en witte peper.

e) Bedek met 4 liter koud water en zet op middelhoog vuur tot het zachtjes kookt; verwijder eventueel schuim dat naar de oppervlakte stijgt. Zet het vuur lager om zachtjes te laten sudderen en kook tot de kip gaar is en het vlees gemakkelijk van de botten kan worden getrokken, ongeveer 45 minuten.

f) Haal de kip voorzichtig uit de pan en breng hem over naar een werkoppervlak tot hij voldoende koel is om te hanteren, ongeveer 5 minuten. Gebruik je handen om het vlees en de schil van de kip te versnipperen en in een kleine kom te doen; koel tot klaar voor gebruik.

g) Doe het karkas terug in de bouillon, dek af en laat het geheel zachtjes koken voor een helderdere bouillon, ongeveer 3 uur, of licht koken voor een romigere bouillon, ongeveer 2 uur. Zeef de bouillon en gooi het kippenkarkas en de aromaten weg.

h) Doe de bouillon terug in de schoongemaakte pot en breng op smaak met zout en/of witte sojasaus.

VOOR GARNERING:

i) Combineer jujubes en gojibessen in een kleine, hittebestendige kom en voeg voldoende kokend water toe om net onder water te staan. Laat staan tot het gerehydrateerd is, ongeveer 2 minuten.

j) Voeg als u klaar bent om te serveren het geraspte kippenvlees toe aan de bouillon en verwarm opnieuw tot het kookt. Verdeel de jujube-, gojibessen- en lente-ui-garnituren over serveerschalen en schep de bouillon en het kippenvlees erbovenop. Dienen.

KOUDE PEULEN- EN GRAANSOEPEN

89. Koude witte bonensoep met knapperige pancetta

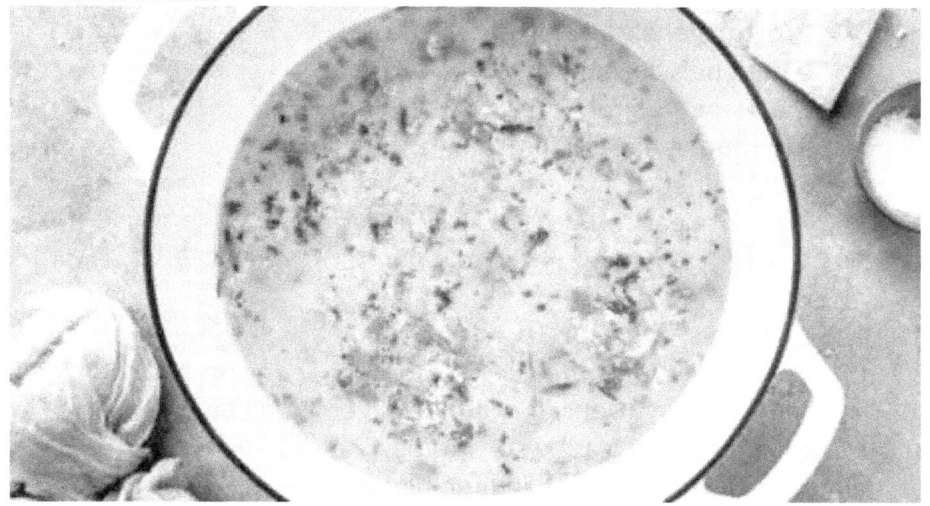

INGREDIËNTEN:
- 2 blikjes (elk 15 ounce) witte bonen, uitgelekt en gespoeld
- 2 teentjes knoflook, fijngehakt
- 1/4 kop gehakte verse peterselie
- 2 eetlepels citroensap
- 2 eetlepels olijfolie
- 1/2 theelepel gemalen komijn
- Zout en peper naar smaak
- Krokante pancetta of spekjes ter garnering
- Gehakte verse peterselie voor garnering

INSTRUCTIES:
a) Meng in een blender de witte bonen, gehakte knoflook, gehakte peterselie, citroensap, olijfolie en gemalen komijn.
b) Mixen tot een gladde substantie.
c) Breng op smaak met zout en peper.
d) Zet de soep minimaal 1 uur in de koelkast.
e) Serveer koud, gegarneerd met knapperige pancetta of spek en gehakte verse peterselie.

90.Gekoelde Bonensoep

INGREDIËNTEN:
- 4 kopjes gehakte tomaten
- 2 kopjes pittig heet V8-sap
- 1 blikje zwarte bonen (15 ounces), gespoeld en uitgelekt
- 1 kopje gehakte komkommer
- 1 kopje gehakte zoete rode of gele paprika
- 1/2 kop gehakte rode ui
- 2 eetlepels balsamicoazijn
- 1 theelepel suiker
- 1/4 tot 1/2 theelepel hete pepersaus
- 1/4 theelepel gemalen komijn 1/4 theelepel zout
- 1/4 theelepel peper
- 7 eetlepels zure room met verlaagd vetgehalte Gesneden komkommer, optioneel

INSTRUCTIES:
a) Combineer tomaten en V8-sap in een blender; bedek en verwerk tot het gemengd is. Breng over naar een grote kom.
b) Roer de bonen, gehakte komkommer, paprika, ui, azijn, suiker en kruiden erdoor.
c) Dek af en zet minimaal 4 uur of een nacht in de koelkast. Serveer met zure room. Garneer eventueel met gesneden komkommer.

91.Gekoelde linzen- en quinoasoep

INGREDIËNTEN:
- 1 kop gekookte linzen
- 1/2 kop gekookte quinoa
- 1 komkommer, geschild en in blokjes gesneden
- 1 rode paprika, in blokjes gesneden
- 1/4 kopje gehakte rode ui
- 2 eetlepels gehakte verse peterselie
- 2 eetlepels citroensap
- 2 kopjes groentebouillon
- Zout en peper naar smaak

INSTRUCTIES:
a) Meng in een grote kom de gekookte linzen, gekookte quinoa, in blokjes gesneden komkommer, in blokjes gesneden rode paprika, gehakte rode ui en gehakte peterselie.
b) Giet de groentebouillon en het citroensap over het mengsel en roer goed.
c) Breng op smaak met zout en peper.
d) Zet het minimaal 1 uur in de koelkast voordat u het serveert.
e) Serveer koud, eventueel gegarneerd met extra peterselie.

92. Gekoelde kikkererwten- en Bulgaarse soep

INGREDIËNTEN:
- 1 blik kikkererwten (15 oz), uitgelekt en afgespoeld
- 1/2 kop gekookte bulgurtarwe
- 1 tomaat, in blokjes gesneden
- 1/4 kopje in blokjes gesneden rode ui
- 2 eetlepels gehakte verse munt
- 2 eetlepels citroensap
- 2 kopjes groentebouillon
- Zout en peper naar smaak

INSTRUCTIES:
a) Meng in een grote kom de kikkererwten, gekookte bulgur, in blokjes gesneden tomaat, in blokjes gesneden rode ui, gehakte munt, citroensap en groentebouillon.
b) Roer goed om te combineren.
c) Breng op smaak met zout en peper.
d) Zet het minimaal 1 uur in de koelkast voordat u het serveert.
e) Serveer koud, gegarneerd met een takje munt.

93.Gekoelde soep van zwarte bonen en bruine rijst

INGREDIËNTEN:
- 1 blikje zwarte bonen (15 oz), uitgelekt en afgespoeld
- 1/2 kop gekookte bruine rijst
- 1 rode paprika, in blokjes gesneden
- 1/2 kop maïskorrels (vers, bevroren of ingeblikt)
- 1/4 kopje in blokjes gesneden rode ui
- 2 eetlepels gehakte verse koriander
- 2 eetlepels limoensap
- 2 kopjes groentebouillon
- Zout en peper naar smaak

INSTRUCTIES:
a) Meng in een grote kom de zwarte bonen, gekookte bruine rijst, in blokjes gesneden rode paprika, maïskorrels, in blokjes gesneden rode ui, gehakte koriander, limoensap en groentebouillon.
b) Meng goed om te combineren.
c) Breng op smaak met zout en peper.
d) Zet het minimaal 1 uur in de koelkast voordat u het serveert.
e) Serveer koud, eventueel gegarneerd met extra koriander.

94. Gekoelde gerst- en kikkererwtensoep

INGREDIËNTEN:
- 1/2 kop gekookte gerst
- 1 blik kikkererwten (15 oz), uitgelekt en afgespoeld
- 1 komkommer, geschild en in blokjes gesneden
- 1/2 kop kerstomaatjes, gehalveerd
- 1/4 kopje in blokjes gesneden rode ui
- 2 eetlepels gehakte verse dille
- 2 eetlepels citroensap
- 2 kopjes groentebouillon
- Zout en peper naar smaak

INSTRUCTIES:
a) Meng in een grote kom de gekookte gerst, kikkererwten, in blokjes gesneden komkommer, kerstomaatjes, in blokjes gesneden rode ui, gehakte dille, citroensap en groentebouillon.
b) Roer goed om te combineren.
c) Breng op smaak met zout en peper.
d) Zet het minimaal 1 uur in de koelkast voordat u het serveert.
e) Serveer koud, gegarneerd met een takje dille.

95. Gekoelde rode linzen- en bulgursoep

INGREDIËNTEN:
- 1 kopje rode linzen, gespoeld
- 1/2 kop bulgurtarwe
- 1 wortel, in blokjes gesneden
- 1 stengel bleekselderij, in blokjes gesneden
- 1/2 kop in blokjes gesneden tomaten
- 2 teentjes knoflook, fijngehakt
- 1 theelepel gemalen komijn
- 1/2 theelepel paprikapoeder
- 4 kopjes groentebouillon
- 2 eetlepels citroensap
- Zout en peper naar smaak

INSTRUCTIES:
a) Meng in een grote pan de rode linzen, bulgurtarwe, in blokjes gesneden wortel, in blokjes gesneden bleekselderij, in blokjes gesneden tomaten, gehakte knoflook, gemalen komijn, paprika en groentebouillon.
b) Breng het mengsel aan de kook, zet het vuur lager en laat het 20-25 minuten sudderen, of tot de linzen en bulgur gaar en gaar zijn.
c) Haal van het vuur en laat iets afkoelen.
d) Roer het citroensap erdoor en breng op smaak met peper en zout.
e) Zet het minimaal 1 uur in de koelkast voordat u het serveert.

KOUDE PASTASOEPEN

96.Koude Noedels Met Tomaten

INGREDIËNTEN:
- 2 pinten rijpe kerstomaatjes, gehalveerd
- 2 theelepels koosjer zout (Diamond Crystal)
- 12 tot 14 ounces somyeon, somen, capellini of andere dunne tarwenoedels
- ¼ kopje rijstazijn
- 2 eetlepels sojasaus
- 2 eetlepels kristalsuiker
- 1 groot teentje knoflook, fijn geraspt
- ½ theelepel Dijon-mosterd
- ½ theelepel geroosterde sesamolie
- 2 kopjes koud gefilterd water
- 1 eetlepel geroosterde sesamzaadjes
- 2 radijsjes, in dunne plakjes gesneden
- 2 lente-uitjes, in dunne plakjes schuin gesneden
- 2 kopjes gemalen of in blokjes gesneden ijs

INSTRUCTIES:
a) Meng de tomaten en het zout in een grote kom. Laat zitten tot het sappig is, ongeveer 10 minuten.
b) Breng ondertussen een grote pan water aan de kook. Kook de noedels volgens de instructies op de verpakking, laat ze uitlekken en spoel ze af onder koud water. Opzij zetten.
c) Voeg de azijn, sojasaus, suiker, knoflook, mosterd en sesamolie toe aan de tomaten en roer met een lepel tot alles goed gemengd is. Roer het gefilterde water door de tomaten en bestrooi het oppervlak van de bouillon met de sesamzaadjes, radijsjes en lente-uitjes.
d) Voeg vlak voor het serveren het ijs toe aan de bouillon. Verdeel de noedels over kommen en schep de bouillon en eventueel ongesmolten ijs erbij, zorg ervoor dat elke portie een mooie hoeveelheid tomaten, radijsjes, lente-uitjes en sesamzaadjes krijgt.

97. Gekoelde Mediterrane Orzosoep

INGREDIËNTEN:
- 1 kop orzo-pasta, gekookt en gekoeld
- 1 kopje in blokjes gesneden komkommer
- 1 kop kerstomaatjes, gehalveerd
- 1/4 kop gesneden Kalamata-olijven
- 1/4 kopje verkruimelde fetakaas
- 2 eetlepels gehakte verse peterselie
- 2 eetlepels citroensap
- 2 eetlepels olijfolie
- 2 kopjes groentebouillon
- Zout en peper naar smaak

INSTRUCTIES:

a) Meng in een grote kom de gekookte en gekoelde orzo-pasta, de in blokjes gesneden komkommer, de gehalveerde kerstomaatjes, de gesneden Kalamata-olijven, de verkruimelde fetakaas, de gehakte peterselie, het citroensap, de olijfolie en de groentebouillon.
b) Roer goed om te combineren.
c) Breng op smaak met zout en peper.
d) Zet het minimaal 1 uur in de koelkast voordat u het serveert.
e) Serveer koud, eventueel gegarneerd met extra peterselie en fetakaas.

98. Gekoelde Tomaat En Basilicum Pastasoep

INGREDIËNTEN:
- 8 oz pasta (zoals fusilli of penne), gekookt en gekoeld
- 2 grote tomaten, in blokjes gesneden
- 1/2 kopje in blokjes gesneden komkommer
- 1/4 kop gehakte verse basilicum
- 2 eetlepels balsamicoazijn
- 2 eetlepels olijfolie
- 2 kopjes groentebouillon
- Zout en peper naar smaak

INSTRUCTIES:
a) Meng in een grote kom de gekookte en gekoelde pasta, de in blokjes gesneden tomaten, de in blokjes gesneden komkommer, de gehakte basilicum, de balsamicoazijn, de olijfolie en de groentebouillon.
b) Roer goed om te combineren.
c) Breng op smaak met zout en peper.
d) Zet het minimaal 1 uur in de koelkast voordat u het serveert.
e) Serveer koud, eventueel gegarneerd met extra basilicum.

99.Gekoelde Pesto Pastasoep

INGREDIËNTEN:
- 8 oz pasta (zoals rotini of farfalle), gekookt en gekoeld
- 1/2 kop bereide basilicumpesto
- 1 kop kerstomaatjes, gehalveerd
- 1/4 kopje gesneden zwarte olijven
- 2 eetlepels pijnboompitten
- 2 eetlepels geraspte Parmezaanse kaas
- 2 kopjes groentebouillon
- Zout en peper naar smaak

INSTRUCTIES:
a) Meng in een grote kom de gekookte en gekoelde pasta, basilicumpesto, kerstomaatjes, zwarte olijven, pijnboompitten, geraspte Parmezaanse kaas en groentebouillon.
b) Roer goed om te combineren.
c) Breng op smaak met zout en peper.
d) Zet het minimaal 1 uur in de koelkast voordat u het serveert.
e) Serveer koud, eventueel gegarneerd met extra pijnboompitten en Parmezaanse kaas.

100.Gekoelde Griekse Pastasaladesoep

INGREDIËNTEN:

- 8 oz pasta (zoals rotini of penne), gekookt en gekoeld
- 1/2 kopje in blokjes gesneden komkommer
- 1/2 kop in blokjes gesneden tomaten
- 1/4 kopje gesneden Kalamata-olijven
- 1/4 kopje verkruimelde fetakaas
- 2 tafels
- 2 eetlepels gehakte verse peterselie
- 2 eetlepels citroensap
- 2 eetlepels olijfolie
- 2 kopjes groentebouillon
- Zout en peper naar smaak

INSTRUCTIES:

a) Meng in een grote kom de gekookte en gekoelde pasta, de in blokjes gesneden komkommer, de in blokjes gesneden tomaten, de gesneden Kalamata-olijven, de verkruimelde fetakaas, de gehakte peterselie, het citroensap, de olijfolie en de groentebouillon.
b) Roer goed om te combineren.
c) Breng op smaak met zout en peper.
d) Zet het minimaal 1 uur in de koelkast voordat u het serveert.
e) Serveer koud, eventueel gegarneerd met extra peterselie en fetakaas.

CONCLUSIE

Nu we onze reis door de wereld van koude soepen afsluiten, hoop ik dat je je geïnspireerd voelt om deze verfrissende en heerlijke gerechten als hoofdbestanddeel van je culinaire repertoire te omarmen. "HET COMPLEET KOUDE SOEP KOOKBOEK" is gemaakt met een passie voor het vieren van de levendige smaken en seizoensgebonden ingrediënten die gekoelde soepen zo onweerstaanbaar maken.

Terwijl je de wereld van koude soepen blijft verkennen, onthoud dat de mogelijkheden eindeloos zijn. Of je nu experimenteert met nieuwe smaakcombinaties, je eigen draai geeft aan klassieke recepten, of gewoon geniet van een kom van je favoriete gekoelde soep op een warme zomerdag, moge elke lepel je vreugde, verfrissing en voldoening brengen.

Bedankt dat je met mij meeging op deze culinaire reis. Mogen uw zomerdagen gevuld zijn met heerlijke koude soepen, goed gezelschap en onvergetelijke momenten rond de tafel. Tot we elkaar weer ontmoeten, veel kookplezier en eet smakelijk!

www.ingramcontent.com/pod-product-compliance
Lightning Source LLC
Chambersburg PA
CBHW050159130526
44591CB00034B/1394